Dr. Dan Katzlinger

Rechtsanwalt

IMMOBILIENKAUF 2017

Dezember 2016

IMMOBILIENKAUF

Die wirtschaftliche Lage ist seit längerer Zeit schwierig, die weitere Entwicklung ungewiss, und die Zinsen befinden sich auf einem historischen Tiefstand. Gerade jetzt gelten Immobilien als sichere Anlage, und günstige Kreditkonditionen machen es jetzt für viele möglich, eine Immobilie zur Geldanlage, als Zukunftsvorsorge, oder als Eigenheim zu erwerben.

Kaufverträge über Häuser, Wohnungen und Grundstücke, sind meistens komplexer als Verträge über bewegliche Sachen des täglichen Gebrauchs. Es gibt viele Punkte zu beachten, damit diese wichtige Entscheidung optimal umgesetzt werden kann.

In diesem Handbuch erfahren Sie, worauf Sie beim Abschluss von Kaufverträgen über Immobilien besonders achten müssen. Dazu habe ich fünf wesentliche Bereiche herausgearbeitet, bei denen es in der Praxis häufig zu interessanten Fragestellungen kommt:

- Tipps zur Kaufpreiszahlung

- Glücklich Leben: Nachbarschaftsstreitigkeiten vermeiden

- Gekauft wie gesehen: worauf Sie bei der Besichtigung achten sollten

- Wichtige Unterlagen sehen und verstehen

- Gewährleistung beim Immobilienkauf

In einem Zusatzkapitel erklärt Christoph Kirchmair, Kreditspezialist und Gründer der bundesweit tätigen INFINA Credit Broker GmbH, worauf bei der Fremdfinanzierung einer Immobilie zu achten ist.

Ein Glossar verschafft Ihnen schließlich einen Überblick über die wichtigsten juristischen Begriffe in Zusammenhang mit dem Immobilienkauf.

Inhalt

Über den Autor

Dr. Dan Katzlinger ist Rechtsanwalt und ist auf Immobilientransaktionen, Vertragsrecht und die Beratung von Privatklienten spezialisiert.

Er berät Käufer und Verkäufer von Immobilien und gestaltet und prüft Verträge.

„Mein Ziel ist es, auch für komplizierte Probleme einfache Lösungen zu finden. Transparenz bei den Kosten und eine verständliche Sprache sind mir besonders wichtig."

Dr. Dan Katzlinger arbeitet seit 2013 in ständiger Kooperation mit der Kanzlei Gratl & Anker, einer auf Bau- und Immobilienrecht spezialisierten Kanzlei in Innsbruck. Auch die ausgezeichneten Kontakte zu Sachverständigen, Immobilienmaklern, Kreditmaklern und Steuerberatern ermöglichen eine umfassende Beratung in allen Fragen des Immobilienrechts.

KONTAKT

RA Dr. Dan Katzlinger
Gratl & Anker
Rechtsanwaltspartnerschaft
Südtirolerplatz 4
6020 Innsbruck

0512/343632
katzlinger@gratlanker.at
www.vertragscheck.at
www.gratlanker.at

Vorwort

Das vorliegende Handbuch ist der Nachfolger von *„Die 5 schlimmsten Fehler beim Immobilienkauf – und wie Sie sie vermeiden"*, erschienen im April 2015. Auch in diesem Werk wird der Immobilienkauf für den Nicht-Juristen erklärt und natürlich werden auch wieder Themen behandelt, die in der Praxis besonders oft zu interessanten Fragen oder Problemen führen.

Im vorliegenden Werk soll aber etwas umfassender auf den Immobilienkauf eingegangen werden. Es wird auch der generelle Ablauf einer Immobilientransaktion beschrieben, und Dauer und Kosten der Abwicklung erklärt.

Ausgangspunkt ist die österreichische Rechtslage mit Stand Dezember 2016. Das Immobilienrecht ändert sich aber immer wieder, was dazu führen kann, dass einzelne Themen mit der Zeit ihre Aktualität verlieren.

Sinn des Buches ist, den Ablauf des Immobilienkaufes verständlich zu schildern und das Problembewusstsein der Immobilienkäufer für häufige Fehler zu stärken und zu helfen, diese Fehler zu vermeiden. Das Handbuch kann aber eine fundierte rechtliche Beratung im Einzelfall nicht ersetzen.

Der Inhalt wurde vom Autor gewissenhaft erarbeitet. Dennoch können Fehler nicht vollständig ausgeschlossen werden. Eine Haftung des Autors für daraus entstehende Schäden ist ausgeschlossen.

1.   Der Immobilienkauf

Was Sie über den Immobilienkauf wissen sollten

Unter einer Immobilie versteht man grundsätzlich unbewegliches, also immobiles Vermögen. Es zeichnet sich dadurch aus, dass es nicht ohne Verletzung der Substanz von einem Ort zum anderen bewegt werden kann.

In diesem Buch werden hauptsächlich Immobilien, also Wohnungen und Einfamilienhäuser für Eigennutzer und Anleger behandelt, die Grundsätze treffen aber auch auf unbebaute Grundstücke und Immobilien zur geschäftlichen Nutzung zu. Gewerbeimmobilien und Betriebsanlagen, wie etwa Tankstellen, Einkaufszentren oder Fabriken, werden hingegen nicht behandelt.

Die Definition der Immobilie als unbewegliches Vermögen weist bereits auf einen wesentlichen Vorteil der Immobilie als Geldanlage hin. Sie kann nicht einfach „verschwinden". Demgegenüber kann ein teures Auto in einen Unfall verwickelt und damit wertlos werden, Uhren und Schmuck können gestohlen werden oder verloren gehen, selbst Geld auf einer Bank könnte nach einer Geldentwertung völlig wertlos werden. Bei einer Immobilie bleibt immer ein Mindestwert real erhalten, so dass ein Totalverlust des eingesetzten Vermögens nahezu ausgeschlossen ist.

So erklärt es sich auch, dass gerade in Krisenzeiten gerne in Immobilien investiert wird. Zwar können auch auf den

Aktienmärkten große Gewinne eingefahren werden, doch besteht oft ein erhebliches Risiko aufgrund der Kursschwankungen. Im Zuge einer Wirtschaftskrise könnten in weiterer Folge auch Unternehmen in Konkurs gehen, womit Aktien und andere Wertpapiere wertlos werden können. Für den Preis des hohen Risikos können auf den Aktienmärkten dafür auch in kurzer Zeit erhebliche Gewinne erzielt werden.

Demgegenüber sollten Sie bei einem Immobilien-Investment längerfristig denken. Auch wenn große Preissteigerungen innerhalb kurzer Zeit möglich sind, sollten Sie bei der Anlage in Immobilien auch den Faktor der Nebenkosten und der Besteuerung von Gewinnen aus Immobilienveräußerungen nicht unterschätzen. In der Regel macht eine Behaltedauer von weniger als 5 Jahren keinen Sinn.

Auch bei der Anschaffung von Wohnimmobilien zur Eigennutzung, also Häusern oder Eigentumswohnungen, sollten Sie einige Punkte bedenken. Das betrifft einerseits die Größe des Objekts. Diese sollte angepasst sein für eine langfristige Nutzung. Das heißt, dass das Objekt von der Größe so sein sollte, dass es weder in ein paar Jahren schon zu klein ist, noch unverhältnismäßig groß. Auch sollte man bedenken, ob die Immobilie im Alter noch nutzbar ist. Beispielsweise können steile Treppen, die Schlafzimmer und WC trennen, ein Problem im Alter oder nach einer Verletzung werden.

Aber auch was die Kosten anlangt, sollte man sich auch langfristige Überlegungen machen. Derzeit sind Kredite äußerst günstig zu haben, sodass die Raten bei guter Bonität auch für hohe Beträge relativ niedrig sind.

Die Laufzeiten von Krediten zur Immobilienfinanzierung betragen oft bis zu 30 Jahre. Ein Zeitraum, in dem sich auch die wirtschaftliche Entwicklung doch erheblich ändern kann. Entwickelt sich in Zukunft die Wirtschaft wieder besser, ist mit steigenden Zinsen, und damit höheren Kreditraten zu rechnen. Zwar steigen in der Regel auch die Einkommen, aber nur unter der Voraussetzung, dass man nicht in Pension geht oder einen Unfall erleidet. Man sollte daher jedenfalls bei der Immobilie zur Eigennutzung ein gewisses Polster einplanen und sozusagen für schlechtere Zeiten vorsorgen. Diese Überlegungen spielen naturgemäß bei der Anlegerwohnung eine weniger große Rolle. Die Anlegerwohnung wird im Normalfall vermietet, die Miete wiederum ist wertgesichert. Kann die Rate bei Zinssteigerungen nicht mehr bedient werden, kann man die Wohnung immer noch verkaufen, ohne dass man selbst von Obdachlosigkeit bedroht ist.

Viele der behandelten Punkte erscheinen geradezu selbstverständlich. Aber die Erfahrung zeigt, dass der Kauf einer Immobilie, zumal zur Eigennutzung, auch eine emotionale Sache ist. Hat man erst einmal ein Objekt gefunden, dass den Vorstellungen entspricht, wird man oft für die Mankos blind. Verkäufer, die Druck erzeugen, nach dem Motto „es gibt schon viele Anfragen", tun das ihrige noch dazu.

Daher sollten Sie sich auf jeden Fall vor dem Kauf einer Immobilie umfassend beraten lassen, einerseits was die

Immobilie an sich angeht, andererseits auch was deren Finanzierung betrifft.

Der Ablauf des Immobilienkaufes

Haben Sie Ihre Wunschimmobilie gefunden, gibt es einige Schritte, die erledigt werden müssen, bevor Sie als Eigentümer im Grundbuch stehen.

Vertrag

Die Übertragung des Eigentums im Grundbuch braucht einen rechtlichen Titel, also eine rechtliche Grundlage. Dies ist das Rechtsgeschäft, weshalb Sie überhaupt Eigentümer werden. Das kann ein Schenkungsvertrag, ein Tauschvertrag oder ein Kaufvertrag sein. In der Praxis werden Immobilien meistens gekauft, Grundlage ist also im Normalfall ein Kaufvertrag.

Am Beginn steht also die Vertragserrichtung.

Beim Kaufvertrag wechselt eine Sache gegen Entgelt den Eigentümer. Kaufverträge sind grundsätzlich formfrei, auch Kaufverträge über mit Immobilien brauchen keine bestimmte Form, sie müssten also nicht schriftlich sein.

In der Praxis werden aber schriftliche Verträge angefordert, weil beim Grundbuch jedenfalls eine schriftliche Urkunde über die Eigentumsübertragung vorliegen muss, und weil mit schriftlichen Urkunden auch besser bewiesen werden kann, was tatsächlich vereinbart war. Das ist einerseits im Streitfall wichtig, andererseits können so oft auch Missverständnisse vermieden werden.

Mit der Errichtung eines Kaufvertrages sollten Sie einen Notar oder Rechtsanwalt beauftragen. Kaufverträge über Immobilien sind (auch in einfachen Fällen) recht komplex, und es gibt eine Vielzahl von Punkten, die individuell an die übertragene Immobilie angepasst werden sollten. Wenn Sie den Immobilienkauf über eine Bank finanzieren, wird diese darauf bestehen, dass der Kaufvertrag von einem Rechtsanwalt oder Notar errichtet wird.

Muster aus dem Internet sind zwar oft gratis, man bezahlt dann aber mit einem höheren rechtlichen Risiko.

Denn man darf nicht übersehen, dass kein Vertrag dem anderen völlig gleicht. Der Vertrag muss einerseits an das Kaufobjekt angepasst werden, andererseits aber auch den Anforderungen der Parteien (Käufer und Verkäufer) entsprechen. In einem Muster kann auf solche individuellen Unterschiede natürlich keine Rücksicht genommen werden.

Daher ist es wichtig, sich genau Gedanken darüber zu machen, welche Anforderungen an die Immobilie und damit auch an den Vertrag gestellt werden müssen. Der Notar oder Rechtsanwalt weiß aufgrund seiner Ausbildung und Erfahrung, welche Punkte Streitpotential haben und daher geregelt werden müssen.

In der Praxis ist oft zu sehen, dass bei Kaufverträgen über Eigentumswohnungen nicht geregelt ist, wer für Betriebskostennachforderungen haften muss. Grundsätzlich haftet für offene Betriebskosten derjenige, der zum Zeitpunkt der Fälligkeit eingetragener Eigentümer ist.

Das kann dazu führen, dass der Käufer, lange nachdem der Kaufvertrag abgeschlossen wurde, und nachdem er das neue Objekt bezogen hat, mit einer enormen Betriebskosten-Rückzahlung konfrontiert ist, die den Zeitraum betrifft, indem er noch gar nicht Eigentümer der Wohnung war.

In diesem Fall wäre es sinnvoll, im Vertrag zu regeln, dass für Rückzahlungen über Zeiträume, die vor der Übergabe liegen, der Verkäufer zu haften hat, für die Zeiträume, die nach der Übergabe liegen, der Käufer. Zur Absicherung dieser Verpflichtung könnte beispielsweise auch ein (geringer) Betrag bis zur Betriebskostenabrechnung am Treuhandkonto bleiben.

Der Notar oder Rechtsanwalt, der den Kaufvertrag errichtet, sollte also gleichzeitig zum Treuhänder für die Bezahlung des Kaufpreises bestellt werden. Er hat dafür zu sorgen, dass der Verkäufer das Geld erst bekommt, wenn sichergestellt ist, dass der Käufer Eigentümer der Liegenschaft wird. Andererseits hat er auch darauf zu achten, dass der Käufer erst dann Eigentümer wird, wenn sichergestellt ist, dass der Verkäufer auch den Kaufpreis bekommt.

In der Praxis fordert also der Treuhänder zu einem bestimmten, definierten Zeitpunkt den Kaufpreis auf ein Treuhandkonto an. In weiterer Folge kümmert er sich um die Eintragungen in das Grundbuch, bevor er den Kaufpreis auf das Konto des Verkäufers ausschüttet.

Immobilien werden häufig fremdfinanziert, also indem die Bank einen Kredit für den Kauf der Immobilie gewährt.

Um die Rückzahlung des Darlehens sicherzustellen, lässt sich die Bank im Grundbuch ein Pfandrecht, eine so genannte Hypothek eintragen. Das bedeutet vereinfacht folgendes: Kann man die Kreditraten nicht mehr bezahlen, lässt die Bank die Immobilie versteigern. Mit dem Erlös aus der Versteigerung wird der aushaftende Kreditbetrag getilgt.

Wenn man also eine gebrauchte Immobilie kauft, muss häufig das Pfandrecht der Bank des Verkäufers gelöscht werden, und gleichzeitig muss auch ein neues Pfandrecht für die Bank, die den Immobilienkauf finanziert, eingetragen werden.

Bei diesen Vorgängen spielt der Treuhänder eine wichtige Rolle. Von der Bank des Verkäufers bekommt er eine Löschungserklärung oder Löschungsquittung. Diese Urkunde muss dem Grundbuch vorgelegt werden, um das Pfandrecht der Bank des Verkäufers aus dem Grundbuch zu löschen. Von der Löschungsquittung darf der Treuhänder nur Gebrauch machen, wenn er sich verpflichtet, gleichzeitig den offenen Kreditbetrag bei der Bank zu begleichen.

Von der neuen Bank wiederum bekommt der Treuhänder eine Pfandbestellungsurkunde, die beim Grundbuch benötigt wird, um das neue Pfandrecht für die finanzierende Bank im Grundbuch einzutragen. Gleichzeitig bekommt der Treuhänder den Kaufpreis auf das Treuhandkonto überwiesen mit der Vorgabe, den Kaufpreis nur Zug-um-Zug gegen Eintragung des Pfandrechtes auszuschütten.

Der Treuhänder hat diesen Zahlungsverkehr sicherzustellen und entsprechende Treuhandvereinbarungen mit den Banken abzuschließen. Fremdfinanzierte Immobilienkäufe verursachen daher in der Abwicklung einen wesentlich größeren Aufwand, als Übertragungen von unbelasteten Liegenschaften. Je nachdem, wie viele Pfandrechte beim Verkäufer eingetragen sind, und beim Käufer eingetragen werden sollen, können mit diesen zusätzlichen Verpflichtungen auch höhere Kosten für die Treuhandschaften entstehen.

> **Tipp:** Teilen Sie dem Vertragserrichter beim Erstgespräch mit, wenn der Immobilienkauf fremdfinanziert werden soll, und erkundigen Sie sich nach allfälligen zusätzlichen Kosten. Hier besteht erfahrungsgemäß bei den meisten Vertragserrichtern Verhandlungsspielraum.

Notarielle Beglaubigung

Hat man sich über die wesentlichen Punkte des Vertrages geeinigt und hat der Vertragserrichter den Vertrag fertiggestellt, muss dieser notariell beglaubigt unterfertigt werden.

Bei der notariellen Beglaubigung begutachtet und beaufsichtigt ein Notar, dass die Person, die den Vertrag unterschreibt, auch tatsächlich die Person ist, die im Vertrag aufscheint. Die notarielle Beurkundung ist erforderlich, damit mit dem Kaufvertrag das Eigentumsrecht im Grundbuch eingetragen werden kann. Der Vertrag muss übrigens nicht unbedingt vor einem österreichischen Notar unterschrieben werden. Wenn Sie im Ausland unterschreiben wollen, müssen Sie den Notar im jeweiligen Land mitteilen, dass die Urkunde in Österreich benötigt wird. Der ausländische Notar sorgt dafür, dass auf der Urkunde dann die so genannte Apostille angebracht wird, damit die Beglaubigung in Österreich akzeptiert wird.

Bei der notariellen Beglaubigung prüft der Notar aber nicht den Inhalt der Urkunde. Die Beglaubigung ist nur eine Bestätigung über die Tatsache, dass die Unterschrift echt ist, sie also von der Person abgegeben wird, die im Vertrag steht.

Zur Unterzeichnung können Sie auch jemanden bevollmächtigten, wenn Sie selbst nicht beim Notar unterschreiben können oder wollen. Auch die Vollmacht muss dann aber wiederum notariell beglaubigt sein.

Tipp: So erkennen Sie einen kompetenten Vertragserrichter.

Fast jeder Anwalt oder Notar zählt Immobilienrecht zu seinen Spezialgebieten. Das liegt unter anderem daran, dass es ein relativ lukratives Betätigungsfeld ist. Das Immobilienrecht ist auch sehr vielseitig und beschränkt sich nicht auf die Errichtung von Kaufverträgen. Ein erfahrener Anwalt oder Notar wird zuerst zuhören um herauszufinden, was ihr Anliegen ist. Er wird Ihnen auch Fragen stellen und so weiteren Regelungsbedarf im Vertrag aufdecken. Sie bekommen dann ein Angebot, das exakt auf Ihre Bedürfnisse angepasst ist. Gleichzeitig wird ein guter Anwalt oder Notar auch alle für die Umsetzung des Rechtsgeschäftes notwendigen Unterlagen und Informationen anfordern, und dies nicht erst nach und nach machen.

Sie sollten sich als Käufer Ihren Anwalt oder Notar stets selbst aussuchen und sich diesen nicht vom Verkäufer oder Makler vorsetzen lassen.

Grundverkehr

Rechtsgeschäfte über Immobilien sind streng reglementiert. Der Grundverkehr wird von den einzelnen Bundesländern in verschiedenen Gesetzen geregelt. Die Gesetze sind dabei unterschiedlich restriktiv, was den Erwerb von Immobilien durch Ausländer, also nicht EU-Bürger, angeht.

Oft unterscheiden die Gesetze auch nach der Art einer Liegenschaft, z.b. danach, ob es sich um ein landwirtschaftliches Grundstück oder eine Bauparzelle handelt.

Ziele der Beschränkungen der Grundverkehrsgesetze sind insbesondere:

- Die Sicherung der land- und forstwirtschaftlichen Nutzung von land- und forstwirtschaftlichen Grundstücken;

- Die Erhaltung, Stärkung und Schaffung eines lebensfähigen Bauernstandes;

- Die Unterbindung von spekulativem Grundstückserwerb;

- Die Beschränkung der Nutzungen von Baugrundstücken zu Freizeitzwecken;

- Die Einschränkung von Grunderwerb durch ausländische Staatsangehörige bzw. nicht Österreichern gleichgestellte Personen.

Die gesetzlichen Regelungen in den einzelnen Bundesländern:

- Burgenland: Burgenländisches Grundverkehrsgesetz 2007 - Bgld-GVG

- Kärnten: Kärntner Grundverkehrsgesetz 2002 – K-GVG
  Niederösterreich: NÖ Grundverkehrsgesetz 2007 - NÖ GVG 2007

- Oberösterreich: Oö Grundverkehrsgesetz 1994 – Oö GVG 1994

- Salzburg: Grundverkehrsgesetz 2001 - GVG 2001

- Steiermark: Steiermärkisches Grundverkehrsgesetz

- Tirol: Tiroler Grundverkehrsgesetz 1996 – TGVG 1996

- Vorarlberg: Gesetz über den Verkehr mit Grundstücken - GVG

- Wien: Wiener Ausländergrunderwerbsgesetz

In diesem Buch werden nur Baugrundstücke bzw. diesen gleichgesetzte Wohnungen oder Häuser behandelt. Übertragungen von solchen Baugrundstücken und Ferienwohnsitzen unterliegen in Salzburg, Niederösterreich, Wien, Vorarlberg und Kärnten keinen grundverkehrsbehördlichen Beschränkungen.

In den Bundesländern Tirol, Steiermark, Burgenland und Oberösterreich hingegen muss der Kaufvertrag nach Unterschrift bei der Grundverkehrsbehörde angezeigt werden. Die Grundverkehrsgesetze dieser Länder sehen wiederum unterschiedliche Verkehrsbeschränkungen vor.

Während in Tirol Rechtsgeschäfte über Baugrundstücke generell anzeigepflichtig sind, müssen im Burgenland, Oberösterreich und in der Steiermark Rechtsgeschäfte nur in bestimmten Gebieten (Vorbehaltsgebiete) angezeigt werden.

Die Verkehrsbeschränkungen durch die einzelnen Grundverkehrsgesetze betreffen Geschäfte über folgende Rechte:

- Eigentum an Grundstücken oder an Bauwerken, in Oberösterreich fällt darunter auch der (nicht vertragliche) Eigentumserwerb durch Ersitzung.

- Baurecht und andere Rechte, die Bauten auf fremdem Grund gestatten.

- Gebrauchs- bzw. Benützungsrecht, des Fruchtgenussrecht und Wohnungrecht.

- Bestandrecht oder sonstige Nutzungsrechte.

  o Burgenland: Auch die Vermietung und Verpachtung oder sonstige Überlassung von Liegenschaften zu Wohnzwecken ist betroffen, wenn dadurch für mehr als drei Jahre ein Freizeitwohnsitz geschaffen werden soll.

o   Steiermark: Erklärungspflicht nur bei Ver-
mietung/Verpachtung von Baugrundstücken,
für mehr als 20 Jahre oder auf unbestimmte
Zeit.

o   Tirol: Genehmigungspflicht beim Erwerb eines Bestandrechtes, es in das Grundbuch eingetragen werden soll oder wenn die Bestand-
dauer mehr als zehn Jahre beträgt.

o   Oberösterreich: Vermietung/Verpachtung o-
der jede sonstige Überlassung zu Wohnzwecken fällt unter die Verkehrsbeschränkungen,
wenn mit dem Rechtserwerb ein Zweitwohnsitz geschaffen wird.

▪   Tirol: Auch der Erwerb von Gesellschaftsanteilen
an einer GmbH, OG und KG ist anzeigepflichtig,
wenn im Eigentum der Gesellschaft Baugrundstücke stehen oder die Gesellschaft Anspruch auf
Erwerb des Eigentums an solchen Grundstücken
hat.

▪   Steiermark: Genehmigungspflicht für die Begründung der Dienstbarkeit der Wohnung sowie jede
sonstige Überlassung, die dem Berechtigten eine
ähnliche rechtliche und tatsächliche Stellung wie
dem Eigentümer oder dem Dienstbarkeitsberech-
tigten einräumt.

Die Regelungen in den einzelnen Bundesländern:

Kärnten:

Das Kärntner Grundverkehrsgesetz sieht seit dem 01.04.2004 keine Beschränkungen des Grundverkehrs mit Baugrundstücken vor, sofern der Erwerb nicht durch einen EU-Ausländer erfolgt.

Ein Ausländer zum Erwerb eines Baugrundstückes berechtigt, wenn es ihm oder seiner Familie als Wohnsitz dienen soll.

Oberösterreich:

In Vorbehaltsgebieten ist die Errichtung von Freizeitwohnsitzen reglementiert.

Beim Rechtserwerb in einem Vorbehaltsgebiet hat der Erwerber zu erklären, dass der Rechtserwerb nicht zum Zweck der Begründung eines Freizeitwohnsitzes erfolgt.

Ausnahmen bestehen lediglich für Grundstücke, die als Zweitwohnungsgebiet gewidmet sind, oder den Erwerb durch nahe Angehörige, wobei der Rechtsvorgänger zumindest in den letzten zehn Jahren Eigentümer des Grundstücks oder des Grundstücksteils gewesen sein muss. Ausgenommen sind auch Grundstücke, die in den letzten fünf Jahren ausschließlich zu Freizeitwohnsitzen genutzt worden sind.

Steiermark

In der Steiermark muss der Erwerber eines Baugrundstückes in einer Vorbehaltsgemeinde binnen einem Monat nach Abschluss des Rechtsgeschäftes erklären, keinen Zweitwohnsitz zu begründen und Inländer bzw. EU-Bürger zu sein.

Keine Erklärungspflicht gibt es bei Rechtsgeschäften in Beschränkungszonen für Zweitwohnsitze, die zur gastgewerblichen Beherbergung genutzt werden, und bei Rechtsgeschäften über Baugrundstücke zur öffentlichen Verwaltung und für den öffentlichen Verkehr.

Die Erklärungspflicht entfällt auch

▪ beim Erwerb durch Miteigentümer, Aufhebung der Miteigentumsgemeinschaft und bei Veränderung der Miteigentumsquoten, und

▪ bei Rechtsgeschäften zwischen Ehegatten und nahen Angehörigen, Verwandten in gerader Linie und zwischen Geschwistern gemeinsam mit deren Ehegatten.

Tirol

Bei unbebauten Baugrundstücken hat der Erwerber da zu erklären, dass das Grundstück innerhalb der gesetzlich vorgesehenen Frist (in der Regel 10 Jahre) dem der Flächenwidmung entsprechenden Zweck zuzuführen, also (im Normalfall) zu bebauen.

Ausnahmen von der Erklärungspflicht bestehen bei folgenden Rechtserwerben:

- durch Erben oder Vermächtnisnehmer im Kreis der gesetzlichen Erben, wenn nicht von der Anordnung des Gesetze oder des Erblassers bzw. Erbvertrages oder Erbübereinkommens abgegangen wird;

- Zwischen Ehegatten oder eingetragenen Partnern, zwischen bestimmten Verwandten und Verschwägerten;

- nach rechtskräftiger Scheidung, Nichtigerklärung oder Aufhebung einer Ehe bzw. eingetragenen Partnerschaft im Zuge der Aufteilung des gemeinsamen Vermögens;

- Durch Miteigentümer im Zuge der Aufhebung der Gemeinschaft oder bei Veränderung der Anteile bei Aufrechtbleiben der Gemeinschaft.

Bebaute Baugrundstücke

Die letzte Novellierung des Tiroler Grundverkehrsgesetzes, die mit 01.10.2016 in Kraft getreten ist, hat Vereinfachungen gebracht.

Seither besteht für Rechtserwerbe an bebauten Baugrundstücken, wozu auch Wohnungen, Geschäftsräume, Kanzleien, Ordinationen udgl. zählen, durch Inländer bzw. diesen gleichgestellte Personen, keine Anzeige-, oder Erklärungspflicht mehr.

Dem Grundbuch ist also für die Eintragung des Eigentumsrechtes nur eine Widmungsbestätigung bzw. eine Bestätigung über eine vorhandene Bebauung, und der Nachweis der Inländereigenschaft (z.B. Staatsbürgerschaftsnachweises bzw. Passkopie) vorzulegen.

Bisher hat die erforderliche Bestätigung der Anzeige durch die Grundverkehrsbehörde zwischen 2 Tage und 4 Wochen in Anspruch genommen. Tatsächlich dürfte die Änderung also zu einer Erleichterung bzw. Beschleunigung der Übertragung von bebauten Baugrundstücken in Tirol führen.

Burgenland

Beim Rechtserwerb an Grundstücken, die keine gewidmeten Freizeitwohnsitze sind (dann besteht in der Regel Genehmigungspflicht), hat der Erwerber innerhalb von drei Monaten ab Vertragsabschluss zu erklären, dass er

■ österreichischer Staatsbürger ist oder Inländern gleichgestellt ist,

- das Baugrundstück nicht als Freizeitwohnsitz nutzt oder von jemand anderem nutzen lässt und

- über die vorgesehenen Rechtsfolgen einer dem Inhalt der Erklärung widersprechenden Nutzung unterrichtet worden ist.

Zusammenfassung

Die Grundverkehrsbehörde achtet also zusammengefasst darauf, dass keine unzulässigen Eigentumsübertragungen stattfinden. So dürfen beispielsweise landwirtschaftliche Grundstücke nur an gewisse Personen verkauft werden. Auch Ausländer aus Nicht EU-Staaten, können nur unter bestimmten Voraussetzungen er Liegenschaftsvermögen in Österreich erwerben.

Sind alle Voraussetzungen erfüllt, genehmigt die Grundverkehrsbehörde den Kaufvertrag bzw. bestätigt, dass keine Genehmigungspflicht vorliegt. Im Normalfall wird der Kaufvertrag erst wirksam, wenn die Bestätigung der Grundverkehrsbehörde, oder die Genehmigung vorliegt.

Ist diese Bedingung eingetreten, muss der Kaufvertrag beim Finanzamt angezeigt werden.

Finanzamt

Mit der Übertragung des Eigentums fallen auch Steuern und Gebühren an. Die wichtigsten sind die Grunderwerbsteuer und die Eintragungsgebühr.

Grunderwerbsteuer

Die Grunderwerbsteuer erfasst sowohl den entgeltlichen, als auch den unentgeltlichen Erwerb von inländischen Grundstücken, sie fällt also bei Kauf- und Tauschverträgen ebenso an, wie bei Schenkungsverträgen oder Eigentumsübertragungen im Zuge einer Erbschaft.

Grundsätzlich sind sowohl der Übergeber (Veräußerer) als auch der Übernehmer (Erwerber) Steuerschuldner der Grunderwerbsteuer. Normalerweise wird aber vertraglich vereinbart, dass der Übernehmer die Grunderwerbsteuer trägt.

Für das Entstehen der Steuerschuld sind folgende Punkte ausschlaggebend:

- Wirksamkeit der vertraglichen Verpflichtungen. Das ist normalerweise der Zeitpunkt, in dem sich die Vertragspartner über Kaufgegenstand und Kaufpreis geeinigt haben, oft der Tag, an dem der Vertrag unterschrieben wird. Ist aber das Rechtsgeschäft von einer behördlichen Genehmigung abhängig, z.B. durch die Grundverkehrsbehörde, wird das Rechtsgeschäft erst mit der Genehmigung wirksam.

- Erwerb des Eigentums, wenn es kein vertragliches Verpflichtungsgeschäft gibt. Das ist z.B. dann der Fall, wenn man eine Immobilie erbt. In diesem Fall entsteht die Steuerschuld mit rechtskräftiger Einantwortung bzw. bei einem Vermächtnis mit rechtskräftiger Bestätigung des Verlassenschaftsgerichts.

Wann man hingegen als Erwerber im Grundbuch steht, ist für die Entstehung der Steuerschuld irrelevant.

Die Grunderwerbsteuer beträgt im Normalfall 3,5 % der Gegenleistung für die Übertragung. Gewöhnlich ist das der Kaufpreis, es kann aber auch Abweichungen geben. Wird z.B. eine Wohnung um EUR 250.000,00 gekauft, und dazu übernimmt der Käufer auch ein offenes Darlehen von EUR 100.000,00, ist die Bemessungsgrundlage EUR 350.000,00. Auch wenn der Käufer verpflichtet ist, die Kosten für die Vertragserrichtung durch den Anwalt des Verkäufers zu tragen, zahlen diese Kosten in die Bemessungsgrundlage des Kaufpreises.

Eine andere Bemessungsgrundlage, und ein anderer Steuersatz gelten bei Erwerben im Familienverband (§ 26a Abs 1 Z 1 GGG). Das sind Übertragungen zwischen

- Ehegatten oder eingetragenen Partnern während aufrechter Ehe (Partnerschaft) oder im Zusammenhang mit der Auflösung der Ehe (Partnerschaft);
- Lebensgefährten, sofern die Lebensgefährten einen gemeinsamen Hauptwohnsitz haben oder hatten;

- Verwandten oder Verschwägerten in gerader Linie;
- Stief-, Wahl- oder Pflegekindern oder deren Kindern, Ehegatten oder eingetragenen Partnern; sowie
- Geschwistern, Nichten oder Neffen des Übergebers.

In diesen Fällen ist nie die Gegenleistung die Bemessungsgrundlage, sondern entweder (beim Erwerb von Grundvermögen) der Grundstückswert oder (bei land- und forstwirtschaftlichen Grundstücken), der Einheitswert.

Der Steuersatz beträgt dann, berechnet vom Grundstückswert

- 0,5 % für die ersten EUR 250.000,00
- 2 % für die nächsten EUR 150.000,00, und
- 3,5 % darüber hinaus.

Bei land- und forstwirtschaftlichem Vermögen hingegen beträgt die Steuer bei begünstigten Erwerbsvorgängen 2 % des einfachen Einheitswertes.

Eintragungsgebühr

Für die Eintragung verschiedener Rechte im Grundbuch fallen Gebühren an. Jedenfalls fällt die Eintragungsgebühr für das Eigentumsrecht an. Bei fremdfinanzierten Immobilienkäufen, bei denen auch ein Pfandrecht für die finanzierende Bank einzutragen ist, kommt auch noch die Eintragungsgebühr für das Pfandrecht dazu.

Bemessungsgrundlage für die Eintragungsgebühr ist beim Eigentumsrecht der Verkehrswert. Das ist im Normalfall der Kaufpreis zuzüglich der vom Verkäufer übernommenen sonstigen Leistungen und der dem Verkäufer vorbehaltenen Nutzungen.

Anderes gilt z.B. bei Übertragungen von Liegenschaften im Familienverband an

- Ehegatten oder eingetragenen Partnern während aufrechter Ehe (Partnerschaft) oder im Zusammenhang mit der Auflösung der Ehe (Partnerschaft);
- Lebensgefährten, sofern die Lebensgefährten einen gemeinsamen Hauptwohnsitz haben oder hatten;
- Verwandten oder Verschwägerten in gerader Linie;
- Stief-, Wahl- oder Pflegekindern oder deren Kindern, Ehegatten oder eingetragenen Partnern; sowie
- Geschwistern, Nichten oder Neffen des Übergebers.

Bei diesen so genannten „begünstigten Erwerbsvorgängen" ist Bemessungsgrundlage für die Eintragungsgebühr des Eigentumsrechtes der dreifache Einheitswert, maximal jedoch 30 % des Wertes des einzutragenden Rechtes.

Im Normalfall beträgt die Eintragungsgebühr bei solchen begünstigten Erwerbsvorgängen einen Bruchteil der gewöhnlich anfallenden Gebühr.

Die Gebühr beträgt immer 1,1 % der (je nach Berechnungsmethode höheren oder niedrigeren) Bemessungsgrundlage. Im Falle eines Kaufvertrages unter Fremden normalerweise also 1,1 % des Kaufpreises.

Die Eintragungsgebühr beim Pfandrecht bemisst sich nach dem Nennbetrag der Forderung ohne Zinsen (Höchstbetrag) einschließlich der Nebengebührensicherstellung, die Gebühr beträgt dann 1,2 % dieser Summe.

Immobilienertragsteuer

Den meisten ist die sogenannte Spekulationssteuer noch ein Begriff. Vor der Steuerreform im Jahre 2012 konnten Immobilien im Privatbesitz steuerfrei verkauft werden, wenn Sie zuvor mindestens 10 Jahre gehalten wurde. Wurden sie vor Ablauf dieser Frist verkauft, musste der Veräußerungserlös im Rahmen der Einkommensteuer versteuert werden.

Seit 01.04.2012 unterliegen grundsätzlich alle Gewinne aus der Veräußerung von Grundstücken der Einkommensteuerpflicht. Anders als vor der Steuerreform spielt es nun keine Rolle mehr, wie lange die Immobilie vor dem Verkaufe gehalten wurde.

Die aus der alten Rechtslage bekannte zehnjährige Spekulationsfrist spielt aber insofern noch eine Rolle, als bei Grundstücken, die vor dem 31.03.2002 angeschafft wurden, die Anschaffungskosten zur Berechnung des Veräußerungsgewinnes unabhängig vom tatsächlichen Kaufpreis mit 86 % des Veräußerungserlöses angesetzt werden können.

Steuersatz

Für Einkünfte aus der Veräußerung von Grundstücken gilt ein Steuersatz von 30 %.

Ist der Steuersatz für die laufenden Einkünfte des Verkäufers kleiner als 30 %, so kann der Verkäufer die Besteuerung zu diesem niedrigeren Steuersatz beantragt werden (Regelbesteuerungsoption).

Bemessungsgrundlage

Die Steuer wird vom Veräußerungserlös berechnet, das ist der Gewinn, der aus dem Verkauf erzielt wird. Hier wird zwischen sogenannten Altvermögen und Neuvermögen unterschieden.

Zum **Altvermögen** gehören Immobilien, die vor dem 31.03.2002 angeschafft wurden.

Beim Altvermögen werden die Anschaffungskosten pauschal mit 86 % des Veräußerungserlöses angesetzt, sodass der zu versteuernde Veräußerungsgewinn 14 % des Veräußerungserlöses beträgt. Dieser Gewinn ist mit 30 % zu versteuern, was eine effektive Steuerbelastung von 4,2 % ergibt.

Beispiel

Ein 1998 um EUR 100.000,00 gekauftes Ferienhaus wird 2016 um EUR 170.000,00 verkauft.

Da das Grundstück vor dem 31.03.2002 angeschafft wurde, können die Anschaffungskosten mit 86 % des

Veräußerungserlöses angesetzt werden, das sind EUR 146.200,00. Daraus errechnet sich ein zu versteuernder Gewinn von EUR 23.800,00. Das ergibt bei einem Steuersatz von 30 % eine Steuerbelastung von EUR 7.140,00. Ohne diese Vergünstigung wäre die Steuer vom tatsächlichen Gewinn von EUR 70.000,00 zu berechnen und würde sich auf EUR 21.000,00 belaufen.

Umwidmungen

Wurde die verkaufte Liegenschaft nach dem 31.12.1987 – und nach dem letzten entgeltlichen Erwerb – von Grünland in Bauland umgewidmet, können die Anschaffungskosten statt mit 86 % nur mit 40 % des Veräußerungserlöses angesetzt werden.

Der zu versteuernde Veräußerungsgewinn beträgt damit 60 % des Verkaufspreises bzw. Veräußerungserlöses. Dieser Veräußerungsgewinn ist wiederum mit 30 % zu versteuern, was zu einer effektiven Steuerbelastung von 18 % führt.

Sowohl bei Umwidmungen, also auch bei „normalen" Altfällen, kann auf Antrag des Steuerpflichtigen die Ermittlung des Veräußerungserlöses auch unter Zugrundelegung der tatsächlichen Anschaffungskosten für das Grundstück erfolgen („Regel-Einkünfteermittlung").

Neuvermögen sind Immobilien, die nach dem 31.03.2002 gekauft wurden.

Vom Gewinn, der beim Verkauf der Immobilie erzielt wird, werden die Kosten für die Mitteilung an das Finanzamt und die Selbstberechnung der Immobilienertragsteuer, sowie allenfalls Minderbeträge aus Vorsteuerberichtigungen abgezogen.

Der so ermittelte Betrag wird dann wiederum mit 30 % versteuert.

Beispiel

Ein 2004 um EUR 150.000,00 gekauftes Grundstück mit Wochenendhaus wird 2016 um EUR 200.000,00 verkauft. Der Veräußerungserlös beträgt EUR 50.000,00.

Das Haus wurde nach dem 31.03.2002 gekauft, sodass es sich um einen Neufall bzw. Neuvermögen handelt. Folglich ist der volle Mehrerlös als Veräußerungsgewinn mit 30 % zu besteuern, was eine Steuerbelastung von EUR 15.000,00 ergibt.

Ausnahmen

Nicht alle Gewinne aus privaten Immobilienveräußerungen werden tatsächlich besteuert, es gibt verschiedene Ausnahmen, die zu einer Befreiung von der Immobilienertragsteuer führen. Die zwei wichtigsten werden hier kurz dargestellt:

Hauptwohnsitzbefreiung

Wurde die verkaufte Immobilie ab der Anschaffung

- mindestens 2 Jahre durchgehend bis zur Veräußerung als Hauptwohnsitz genutzt, oder
- innerhalb der letzten 10 Jahre mindestens 5 Jahre durchgehend als Hauptwohnsitz benutzt,

und wird der Wohnsitz an der verkauften Immobilie innerhalb eines Jahres aufgegeben, greift die Hauptwohnsitzbefreiung, und es fällt keine Immobilienertragsteuer an. Die Hauptwohnsitzbefreiung gilt also nicht, wenn die Immobilie verkauft und dann gemietet wird.

Beispiel

Eine Person hat seit mehr als fünf Jahren den Hauptwohnsitz in ihrer Eigentumswohnung. Sie besitzt noch eine zweite Eigentumswohnung, die sie vermietet. Nachdem das Mietverhältnis beendet wurde, verlegt die Verkäuferin ihren Hauptwohnsitz in diese bisher vermietete Wohnung. Ihre bisher selbst bewohnte Eigentumswohnung verkauft sie. Für den Gewinn der verkauften Eigentumswohnung fällt aufgrund der Hauptwohnsitzbefreiung keine Immobilienertragsteuer an.

Selbst erstellte Gebäude

Eine weitere Befreiung gilt für selbst erstellte Gebäude, was vereinfacht voraussetzt, dass der Veräußerer Bauherr der veräußerten Immobilie war. Die Immobilie darf aber in den letzten 10 Jahren vor Veräußerung nicht zur Erzielung von Einkünften aus Vermietung und Verpachtung verwendet worden sein.

Entrichtung der Immobilienertragsteuer

Der Vertragserrichter hat die Immobilienertragsteuer gemeinsam mit den Eintragungsgebühren und der Grunderwerbsteuer selbst zu berechnen und direkt an das

Finanzamt zu überweisen. In der Praxis schreibt er daher dem Käufer diese Nebenkosten gesondert vor.

Die Kosten für die Berechnung und Mitteilung der Immobilienertragsteuer hat der Verkäufer zu tragen. Diese Kosten werden in der Regel ebenso wie die Immobilienertragsteuer selbst vom Treuhänder einbehalten und direkt an die zuständigen Stellen bezahlt.

Nach Anmeldung des Rechtsvorganges beim Finanzamt vermerkt der Vertragserrichter die Tatsache der Selbstberechnung auf der Urkunde, also dem Vertrag, der Grundlage für die Eigentumsübertragung ist. Der Vertrag muss dem Grundbuchsantrag beigelegt werden, damit der neue Eigentümer im Grundbuch eingetragen werden kann.

Wird die Steuer aus irgendeinem Grund nicht selbstberechnet, stellt das Finanzamt nach Eingang der Steuer eine Unbedenklichkeitsbescheinigung aus. Diese muss dann dem Grundbuch statt der Selbstberechnungserklärung beigelegt werden.

Grundbuch

Sind alle erforderlichen Schritte (Grundverkehr, Finanzamt, etc.) erledigt, können die gewünschten bzw. vereinbarten Änderungen im Grundbuch beantragt werden. Im Standardfall des Kaufes einer gebrauchten Eigentumswohnung, ist also nur die Eintragung des neuen Eigentümers, also Käufers, zu beantragen.

Das Grundbuch ist heute im Wesentlichen eine elektronische Datenbank. Es wird von den Bezirksgerichten geführt, und ist ein öffentliches Verzeichnis, in das Grundstücke und die an ihnen bestehenden dinglichen Rechte eingetragen werden.

Dingliche Rechte sind solche, die an Dingen bestehen, also Sachenrechte. Sie sind gegenüber jedermann wirksam. Im Gegensatz dazu bestehen Rechte zwischen Personen nur zwischen den jeweils Beteiligten.

Folgende Rechte können in das Grundbuch eingetragen werden:

- Eigentum,
- Wohnungseigentum,
- Pfandrecht,
- Baurecht,
- verschiedenste Dienstbarkeiten und Reallasten.

Andere bestimmte rechtlich erhebliche Tatsachen können angemerkt oder ersichtlich gemacht werden.

Das Grundbuch ist deshalb so wichtig, weil die oben aufgezählten Rechte nach der österreichischen Rechtsordnung nur durch Eintragung in das Grundbuch erworben werden können.

Jedermann kann grundsätzlich auf die Richtigkeit und Vollständigkeit des Grundbuchs vertrauen (Vertrauensgrundsatz). Man kann sich also darauf verlassen, dass das, was im Grundbuch eingetragen ist, auch stimmt.

Das Grundbuch besteht aus

- dem Hauptbuch, in dem die aktuellen Grundbuch-seintragungen enthalten sind,

- dem Verzeichnis der gelöschten Eintragungen, in das gelöschte (auch nur teilweise gelöschte) sowie gegenstandslose Eintragungen aus dem Hauptbuch übertragen werden, und

- aus der Urkundensammlung (das ist die Sammlung der Urkunden, die Grundlage für eine Eintragung im Grundbuch waren.

Daneben gibt es Hilfsverzeichnisse, nämlich ein Grundstücksverzeichnis, ein Adressenverzeichnis und das Personenverzeichnis.

Mit diesen Verzeichnissen lässt sich herausfinden, wem ein bestimmtes Grundstück bzw. eine bestimmte Immobilie gehört.

Der Grundbuchsantrag

Am Ende der Abwicklung steht die Eintragung des Käufers als neuer Eigentümer der Immobilie. Der Antrag muss bei dem Bezirksgericht eingebracht werden, in dessen Sprengel sich die Liegenschaft befindet. Welches Gericht das ist, lässt sich dem Grundbuchsauszug entnehmen.

Im Zuge der Grundbuchseintragung muss der Vertragserrichter (je nach Vereinbarung) etwaige Pfandrechte des Verkäufers löschen, und allenfalls neue Pfandrechte der Bank des Käufers eintragen. Dafür ist die Übernahme weitere Treuhandschaften gegenüber Banken erforderlich, womit auch weitere Kosten verbunden sein können.

Das Grundbuchsgericht prüft in weiterer Folge den Vertrag und die weiteren Urkunden (z.B. allenfalls nötige Bestätigungen der Grundverkehrsbehörde und etwaige Urkunden vom Finanzamt) und entscheidet dann mit Beschluss über die Eintragung des neuen Eigentümers.

Erst mit der Eintragung des neuen Eigentümers im Grundbuch ist eine Immobilie wirksam übertragen. Ab diesem Zeitpunkt haftet der Käufer auch dritten gegenüber für alle im Zusammenhang mit der Immobilie stehenden Steuern, Gebühren und Verpflichtungen, die einen Liegenschaftseigentümer treffen können.

Zeitrahmen

Die Dauer der Abwicklung des Kaufvertrages ist sowohl für die Käuferseite, als auch für die Verkäuferseite, meist sehr wichtig. Der Käufer möchte wissen, wann er einziehen kann, der Verkäufer, wann das Geld auf seinem Konto ist. Das sind in der Praxis die wichtigsten Themen. Die Transaktion ist damit aber noch nicht abgeschlossen.

Der Zeitrahmen einer Immobilientransaktion umfasst die die Dauer zwischen der endgültigen Einigung zwischen Verkäufer und Käufer über Kaufpreis und Kaufgegenstand, bis zur Eintragung des Käufers im Grundbuch, und schließlich die Überweisung des Kaufpreises an den Verkäufer und dann die Schließung des Treuhandkontos.

In dieser Zeit muss der Kaufvertrag errichtet werden, unterfertigt und auch der Kaufpreis bezahlt werden, zudem muss der Vorgang bei der Grundverkehrsbehörde angezeigt bzw. genehmigt werden, die Steuern und Gebühren müssen an das Finanzamt entrichtet werden, allenfalls müssen Pfandrechte gelöscht und neu eingetragen werden.

Im vorigen Kapitel wurden die notwendigen Schritte ausführlich beschrieben und es ist offensichtlich, dass es dabei zu unterschiedlichen Komplikationen bei Behörden kommen kann.

Geht man vom einfachsten Fall aus, dass eine gebrauchte Eigentumswohnung den Eigentümer wechselt, ohne dass Pfandrechte eingetragen oder gelöscht werden müssen, vergehen im Idealfall 10 Tage von der Unterzeichnung des Kaufvertrags bis zur Eintragung im Grundbuch.

Diese Frist hängt allerdings stark von der Auslastung der Behörden, insbesondere der Grundverkehrsbehörde und dem Grundbuch selbst ab. Damit wird klar, dass die Dauer auch von Faktoren abhängt, die nicht vom Vertragserrichter zu beeinflussen sind. So ist es zum Beispiel unwahrscheinlich, in den Sommermonaten eine Grundbuchseintragung innerhalb einer Woche zu erreichen. Ist nämlich ein Sachbearbeiter beim Grundbuch auf Urlaub, muss ein anderer dessen Arbeit „miterledigen". Damit wird der Aktenanfall bei diesem Sachbearbeiter verdoppelt, genauso dann auch die Bearbeitungsdauer.

Je nachdem, wie gut das Kaufanbot des Immobilienmaklers ist (falls es ein solches gibt), lässt sich der Kaufvertrag schon direkt vom Vertragserrichter auf das konkrete Objekt anpassen. So kann bei den Vertragsverhandlungen Zeit gespart werden.

Hier macht sich ein guter Immobilienmakler bezahlt. Er sucht die wesentlichen Dokumente (Wohnungseigentumsvertrag, Parifizierungsgutachten, Betriebskostenabrechnungen, Pläne, etc.) bereits heraus und legt sie dem Kaufanbot zu Grunde. Diese Vorbereitungshandlungen des Immobilienmaklers sind mitunter entscheidend für den weiteren Verlauf der ganzen Transaktion.

Der Vertragserrichter und Treuhänder kann ein gut vorbereitetes Kaufanbot in den Kaufvertrag einarbeiten, was Verhandlungen und damit oft auch viel Zeit spart.

Natürlich können kompliziertere Immobilientransaktionen auch die Kaufvertragsverhandlungen schwieriger und damit zeitaufwändiger machen.

Die Dauer der Abwicklung einer Immobilientransaktion hängt auch stark vom Engagement des Vertragserrichters ab. Manche Anwälte betreiben Kaufverträge nur als Nebenleistung und haben daher oft keine optimierten Abläufe zur Abwicklung derartiger Transaktionen. Das erkennt man beispielsweise daran, dass der Vertragserrichter Daten von Käufer und Verkäufer öfters abfragen muss.

Der notariell beglaubigte Kaufvertrag ist nicht nur notwendig, um ins Grundbuch zu kommen; er ist auch wichtig, wenn ein Objekt von einer Bank finanziert wird. Der unterfertigte Vertrag muss der Bank nämlich vorgelegt werden, damit diese die Kreditunterlagen fertig stellen kann.

Erst nach Unterfertigung der Pfandbestellungsurkunde kann der Kaufpreis auf das Treuhandkonto ausgeschüttet werden.

Die Zahlung des Kaufpreises auf das Treuhandkonto ist wiederum häufig Voraussetzung für die Übergabe des Objektes. Das ist aber nicht zwingend so vorgesehen, es könnte auch vereinbart sein, dass das Objekt bereits übergeben wird, bevor der Kaufpreis auf dem Treuhandkonto liegt. Wichtig ist, dass der Kaufvertrag unterfertigt wurde und die Finanzierung des Kaufpreises sichergestellt ist.

Für die meisten Käufer sinkt der Zeitdruck ab dem Zeitpunkt, wo das Objekt übergeben und von ihnen bewohnt wird, oder zumindest mit der Übersiedlung begonnen werden kann.

Abgeschlossen ist die Transaktion im rechtlichen Sinne aber erst dann, wenn der neue Eigentümer auch im Grundbuch eingetragen ist. Die Eintragung im Grundbuch ist relevant für die Beurteilung der Haftung des Eigentümers gegenüber Dritten. So haftet beispielsweise der Eigentümer laut Grundbuch für offene Steuern in Zusammenhang mit der Immobilie und auch für weitere Pflichten wie z.B. die Räum- und Streupflicht nach der Straßenverkehrsordnung. Daher haben beide Parteien ein Interesse daran, dass der Grundbuchsstand möglichst rasch richtiggestellt wird.

Nicht zu vergessen ist auch die Weiterleitung des Kaufpreises an den Verkäufer, sodass auch für diesen die Angelegenheit beendet ist.

Zusammengefasst muss man bei einer einfachen Immobilientransaktion mit einem Zeitrahmen von der Vertragseinigung bis zur Eintragung im Grundbuch von bis zu 6 Wochen jedenfalls rechnen.

Kosten

Eine allgemeine Faustregel besagt, dass 10 % des Kaufpreises einer Immobilie für Nebenkosten angesetzt werden können. Insgesamt läuft es in der Praxis tatsächlich oft auf die 10 % hinaus.

Entscheidend für die Nebenkosten ist zunächst, wie der Vertag überhaupt zustande kommt. Wurde die Immobilie von einem Immobilienmakler vermittelt, fallen meistens 3 % Netto-Provision an, das sind mit Steuer **3,6 %** des Kaufpreises.

Finanziert eine Bank den Kauf, gibt es neben den Bearbeitungsgebühren der Bank auch noch eine zusätzliche Eintragungsgebühr für das Pfandrecht von **1,2 %** der sichergestellten Summe (die häufig in etwa dem Kaufpreis entspricht).

Diese Kosten werden zumeist von der Bank direkt bei der Kreditberechnung veranschlagt und daher in der Regel nicht über den Vertragserrichter abgewickelt.

Rein für die Kaufvertragsabwicklung beim Rechtsanwalt und Treuhänder (normalerweise ist das dieselbe Person) ist mit 1,5 % bis 2,5 % des Kaufpreises zuzüglich 20 % Umsatzsteuer zu rechnen, das sind dann mit Steuer **1,8 %** bis **3 %** des Kaufpreises.

Das Honorar beinhaltet die Kosten der Vertragserrichtung und der treuhändigen Abwicklung der Kaufpreiszahlung. Zusätzliche Kosten können entstehen, wenn der Treuhänder weitere Treuhandschaften (zum Beispiel gegenüber der finanzierenden Bank) übernehmen soll.

Die Übernahme einer zusätzliche Treuhandschaft bedeutet eine weitere Verpflichtung des Treuhänders mit einem entsprechenden Haftungsrisiko. Dieses Risiko wird von den meisten Treuhändern nicht unentgeltlich übernommen.

Die Kosten für die Vertragserrichtung hängen direkt vom Kaufpreis ab: je niedriger der Kaufpreis, desto höher der Prozentsatz für die Vertragserrichtung und umgekehrt.

Dennoch ist in Standardfällen nicht mit Kosten über 2,5 % zu rechnen. Andererseits ist auch bei sehr hohen Kaufpreisen nicht mit Kosten von unter 1 % zu rechnen. Der Grund liegt auch hier im Haftungsrisiko. Je höher der Kaufpreis, desto größer die Verantwortung des Treuhänders, die er sich entsprechend honorieren lässt.

3,5 % fallen an Grunderwerbsteuer an. Bemessungsgrundlage ist die Gegenleistung, die für die Überlassung der Immobilie erbracht wird. In der Regel ist das der Kaufpreis, es können aber zum Kaufpreis auch andere Positionen dazukommen. Wählt beispielsweise der Verkäufer dem Vertragserrichter aus, ist aber vereinbart, dass der Käufer die Kosten des Vertrags bezahlen muss, sind auch diese Bemessungsgrundlage der Grunderwerbsteuer. Diese Konstellation ist bei Bauträgerverträgen anzutreffen. Der Bauträger bestimmt nämlich den Vertragserrichter und Treuhänder, der Käufer muss ihn aber bezahlen.

Auch die Übernahme von Darlehen des Verkäufers durch den Käufer erhöht die Bemessungsgrundlage der

Grunderwerbsteuer. Es kommt also nicht darauf an, welcher Kaufpreis tatsächlich über das Treuhandkonto fließt.

1,1 % des Kaufpreises fallen weiter für die Grundbucheintragung des neuen Eigentümers an. Das betrifft nur die Eintragung des Eigentumsrechtes für den neuen Käufer. Die Bemessungsgrundlage richtet sich hier ebenso wie bei der Grunderwerbsteuer nach der Gegenleistung.

Sowohl die Grunderwerbsteuer, als auch die Eintragungsgebühr werden in der Regel vom Vertragserrichter selbst berechnet und an das Finanzamt abgeführt. Diese Beträge sind daher auf das Fremdgeldkonto des Vertragserrichters zu bezahlen, von wo aus er sie dann an das Finanzamt weiterleitet.

Weitere Kosten fallen für die Beglaubigung der Unterschriften beim Notar, die Gebühr bei der Grundverkehrsbehörde und die Archivierung der Vertragsurkunden beim Rechtsanwalt an. Die Barauslagen pendeln sich im Normalfall bei EUR 300,00 bis 500,00 ein.

Tipps für die Preisverhandlungen:

Bei Grunderwerbsteuer und Eintragungsgebühr besteht ebenso wie bei den Barauslagen kein Verhandlungsspielraum.

Die einzige Position, bei der verhandelt werden kann, sind die Honorare vom Makler und vom Vertragserrichter. Es gibt auf dem Markt zahlreiche Rechtsanwälte, die auch bereit sind, beim Honorar beträchtliche Abschläge zu machen. Mitunter werden Kaufverträge bereits für netto 0,5 % des Kaufpreises angeboten.

Dabei ist aber zu beachten, dass seriöse Anbieter keinen Preisnachlass ohne eine Gegenleistung gewähren. Wenn Sie also einen Nachlass wollen (oder brauchen), sollten Sie sich vorher überlegen, wie Sie den Vertragserrichter für sich gewinnen können.

Ein Argument für eine Reduzierung des Honorars könnte beispielsweise eine Vorauszahlung des Honorars sein. Denn die Dauer bis zum Abschluss der Transaktion und der Eintragung des Käufers als Eigentümer im Grundbuch ist oft nicht genau vorhersehbar. Würde der Vertragserrichter erst nach Eintragung abrechnen, muss er möglicherweise mehrere Wochen auf das Honorar warten. Als Käufer stehen Ihnen für den Kauf ohnehin wesentlich höhere Ausgaben bevor. Es spielt normalerweise also keine Rolle, ob das Honorar einige Wochen früher oder später gezahlt werden muss.

Wenn das Angebot des Vertragserrichters zwischen 1,5 % und 2,5 % des Bruttokaufpreises liegt, haben Sie in der Regel ein seriöses Angebot in Händen. Durch eine Vorauszahlung können sie es vielleicht noch um bis zu EUR 500,00 drücken.

In allen übrigen Fällen gilt „man bekommt, was man bezahlt." Was sie sich bei den Honorarkosten sparen, zahlen Sie dann häufig mit Ihren Nerven nach.

Zu niedrige Honorare werden meist von unerfahrenen oder inkompetenten Anwälten gemacht. Das schlägt sich häufig in der Dauer der Vertragsabwicklung nieder und führt dazu, dass Sie Ihre Transaktionen mit einem erhöhten Risiko belasten.

Auf keinen Fall sollten Sie aber Honorar „schwarz" zahlen. Die Gründe dafür sind im nächsten Kapitel umfassend dargelegt.

2. Tipps zur Kaufpreiszahlung: Kein Schwarzgeld

Wer schon einmal selbst eine Immobilie gekauft hat, oder schon länger auf der Suche ist, weiß: für Immobilien muss man meistens viel Kapital investieren.

Vor allem die Preise für zentral gelegene Wohnungen in Ballungszentren und Einfamilienhäuser in Vorstädten sind in den letzten Jahren gewaltig angestiegen. Es kommt nicht von ungefähr, dass Diskussionen um leistbaren Wohnraum ein Dauerbrenner sind.

Für viele Käufer ist der Kauf einer Wohnung oder eines Hauses zudem überhaupt die erste große Investition.

Zum eigentlichen Kaufpreis kommen noch viele weitere Positionen. Als Faustregel kann man mit 10 % des Kaufpreises insgesamt rechnen. So sind im Normalfall

- 3,5 % Grunderwerbsteuer ,
- 1,1 % Eintragungsgebühr für das Eigentumsrecht und
- 1,2 % der Kreditsumme für das Pfandrecht an das Grundbuch

zu zahlen.

Dazu kommen in den meisten Fällen noch Maklergebühren und Kosten für die Vertragserrichtung, für die Genehmigung/Bestätigung der Anzeige und beim Notar für die Beglaubigung der Unterschriften.

Schließlich muss man als Käufer noch Pauschalgebühren an das Grundbuch und Kosten für die Archivierung der Urkunden tragen.

Nach diesen Ausgaben geht es oft erst richtig los. Grundstücke müssen bebaut werden, Häuser saniert, und Wohnungen müssen möbliert werden. Auch der Umzug an sich ist oft mit beträchtlichen Ausgaben verbunden.

Auf den ersten Blick ist es daher für viele Käufer verlockend, den Kaufpreis, Vertragserrichtungskosten oder Honorare von Architekten, Maklern, Baumeistern oder Handwerkern (teilweise) „schwarz", also ohne Rechnung zu zahlen, um Steuern zu sparen (z.B. Umsatzsteuer, Grunderwerbsteuer, etc.).

Manchmal sind es auch diese Dienstleister selbst, die einen Teil „schwarz" wollen, um selber weniger Steuern (z.B. Einkommensteuer) zu zahlen. Gerade bei Handwerkern ist dieses Problem ja bekannt.

Schließlich sind es oft auch die Verkäufer von gebrauchten Wohnungen, die einen Teil des Kaufpreises „schwarz" wollen, um sich zum Beispiel etwas von der Immobilienertragsteuer zu sparen.

Wenn es nicht um die Immobilienertragsteuer geht, geht es häufig um Wohnungen, die aus Mitteln der Wohnbauförderung finanziert wurden. Dann gibt es bestimmte Voraussetzungen für den Verkauf der Wohnung, und eine Höchstgrenze beim Kaufpreis, der verlangt werden darf. Nachdem aber die Immobilienpreise in vielen Regionen sehr schnell gestiegen sind, kann am Markt ein viel höherer Preis erzielt werden. Damit der Vertrag trotzdem von der Wohnbauförderungsbehörde genehmigt wird, scheint im Kaufvertrag eben nur der offizielle Höchstpreis auf.

Schwarzgeld sollten Sie aber weder als Käufer zahlen, noch als Verkäufer annehmen. Bei genauerem Hinsehen sparen Sie dadurch kaum etwas. Im Verhältnis zur Gesamtinvestition geht es meistens um relativ wenig Geld.

Auf der anderen Seite stehen dieser geringen Ersparnis aber zahlreiche schwerwiegende Nachteile gegenüber, wie auf den nächsten Seiten gezeigt wird.

Risiko 1: Finanzstrafverfahren

Wer in der Absicht, Steuern, Gebühren oder sonstige Abgaben zu hinterziehen, falsche Angaben gegenüber dem Finanzamt macht, begeht eine Abgabenhinterziehung und macht sich nach den Bestimmungen des Finanzstrafgesetzes strafbar.

Beispiel

Eine unwahre und damit falsche Angabe wäre es, wenn im Kaufvertrag über eine Eigentumswohnung ein Kaufpreis von EUR 250.000,00 steht, tatsächlich aber EUR 300.000,00 an den Verkäufer bezahlt werden.

Anhand der Angaben im Kaufvertrag errechnet der Vertragserrichter die Eintragungsgebühr und die Grunderwerbsteuer von insgesamt EUR 11.500,00. Bei einer korrekten Bemessungsgrundlage von EUR 300.000,00 würden EUR 13.800,00 an Eintragungsgebühr und Grunderwerbsteuer anfallen. Die „Steuerersparnis" beträgt daher EUR 2.300,00.

Kommt der Schwindel ans Tageslicht, sieht § 33 Abs. 5 des Finanzstrafgesetzes (FinStrG) eine Geldstrafe bis zum zweifachen der ersparten Steuer, also in unserem Beispiel EUR 4.600,00, oder maximal zwei Jahre Freiheitsstrafe vor.

Wer also erwischt wird, muss die davor eingesparte Steuer möglicherweise 3-mal zahlen. In besonders schwerwiegenden Fällen können auch Haftstrafen verhängt werden.

Inventar

In der Praxis wird oft die Meinung vertreten, dass der Kaufpreis zum Beispiel für eine Wohnung dadurch (steuerschonend) gemindert werden kann, dass er aufgeteilt wird. Es wird dann ein Preis für die Wohnung an sich festgelegt, und ein zweiter Preis als Ablöse für Möbel etc.

Bezogen auf das obige Beispiel würde das heißen, dass im Kaufvertrag für die Wohnung nur EUR 250.000,00 stehen, und es daneben eine zweite Vereinbarung gibt, in der zum Beispiel eine Einbauküche mit Einbaugeräten, ein Badezimmer und diverse Einbauschränke um EUR 50.000,00 verkauft werden. Dem Finanzamt wird freilich nur der Kaufvertrag mit dem Kaufpreis von EUR 250.000,00 vorgelegt.

Dabei ist zu beachten, dass nach den Bestimmungen des Grundverkehrsgesetzes Gegenstände, die nicht ohne Beeinträchtigung ihres Wertes entfernt werden können und anderswo verwendbar sind, zum Grundstück und damit zur Bemessungsgrundlage für die Grunderwerbsteuer gehören.

Eine vereinbarte Ablöse für eine Einbauküche, ein Dampfbad, Einbaumöbel, Badezimmer-, Toiletten- und Kücheneinrichtungen, sowie Wandvertäfelungen und ähnliches gehört daher in die Bemessungsgrundlage der Grunderwerbsteuer.

Gegenstände hingegen, die sich von der Wohnung entfernen und ohne Wertverlust an einem anderen Ort wieder verwenden lassen, können unter Umständen von der Bemessungsgrundlage der Grunderwerbsteuer abgezogen werden.

In diesen Fällen muss aber eine Inventarliste angefertigt werden. Dafür müssen die Gegenstände einzeln aufgelistet und bewertet werden. Der Kaufpreis für das Inventar darf nicht höher als 10 % des Gesamtkaufpreises sein, keinesfalls aber über EUR 10.000,00 liegen. Zuletzt müssen auch die Wertansätze für diese Inventargegenstände niedriger sein als die Anschaffungskosten von vergleichbaren neuwertigen Gegenständen.

Daraus ergibt sich insgesamt, dass als Inventar für nicht fix mit der Wohnung verbundene Gegenstände häufig nur höherwertige Möbel infrage kommen.

Der Aufwand für die Herstellung der Inventarliste samt Bewertung kann ebenfalls relativ hoch sein, der erzielbare Nutzen (Einsparung der Bemessungsgrundlage in Höhe von EUR 10.000,00) relativ gering.

Die Steuerersparnis beträgt unter Zugrundelegung eines Steuersatzes von 3,5 % nur maximal EUR 350,00.

In der Praxis geht es aber meistens gerade um die Einbauküche und Einbauschränke, sowie allenfalls um hochwertige fix verbaute Beleuchtungskörper oder Sonnenschutzvorrichtungen. Diese Gegenstände zählen grunderwerbsteuerrechtlich aber zum Grundstück und können daher auch bei detaillierter Bewertung nicht vom Kaufpreis abgezogen werden.

Zusammenfassung

Es ist zwar durchaus vorstellbar, dass falsche Angaben betreffend den Kaufpreis unentdeckt bleiben. Das betrifft nicht nur die absichtliche falsche Angabe eines zu niedrigen Kaufpreises, sondern auch das ungerechtfertigte Abziehen von Inventar von der Bemessungsgrundlage.

Nach dem Grunderwerbsteuergesetz haften aber sowohl der Erwerber, als auch der Veräußerer für die anfallende Grunderwerbsteuer.

Wenn also der zu niedrige Kaufpreis, oder das ungerechtfertigt abgezogene Inventar nicht schon bei einer Stichprobe des Finanzamtes auffallen, so ist es damit noch nicht erledigt.

Weil es immer einen zweiten Vertragspartner gibt, der von dem Schwindel weiß, ist man stets erpressbar. Das Finanzstrafgesetz sieht vereinfacht gesagt für denjenigen, der das Finanzvergehen angezeigt im Falle der Selbstanzeige Straffreiheit vor. Gegen den anderen Vertragspartner wird dann ein Ermittlungsverfahren eingeleitet.

In der Praxis kommt es zu solchen Selbstanzeigen häufig im Zuge von Streitigkeiten über den Kaufgegenstand oder den Vertrag.

Dem relativ geringen finanziellen Vorteil stehen damit auch erhebliche rechtliche Risiken gegenüber.

Das sollte eigentlich schon Grund genug sein, nicht „schwarz" zu zahlen. Wer aber dennoch hofft, nicht erwischt zu werden, sollte sich aber über folgende weitere Risiken im Klaren sein.

Risiko 2: Verlust des Schwarzgeldes

Immer wieder kommt es vor, dass sich auch Immobilienkäufer darauf einlassen, Zahlungen ohne Rechnung zu leisten.

Hat man sich einmal überreden lassen, Schwarzgeld zu zahlen bzw. anzunehmen, gilt es, den Vorteil der „Steuerersparnis" abzusichern.

Um das Risiko des Finanzstrafverfahrens zu minimieren, soll Schwarzgeld gewöhnlich nirgends aufscheinen. Denn alles, was schriftlich festgehalten wird, erhöht die Gefahr, früher oder später, z.B. im Zuge eine Stichprobe beim Finanzamt, ans Tageslicht zu kommen. Daher scheint z.B. im Kaufvertrag ja auch nur der „offizielle" Kaufpreis auf.

Es wird aber oft vergessen, dass diese erschwerte Beweisbarkeit der Zahlung von Schwarzgeld zwei Seiten hat. Neben der erwünschten Erschwerung der Entdeckung durch das Finanzamt, ist es auch für den Käufer schwerer nachweisbar, dass er tatsächlich den vollen Betrag gezahlt hat.

Besonders schwierig ist es bei der zu niedrigen Bemessungsgrundlage für die Grunderwerbsteuer aufgrund zu Unrecht abgezogenem Inventar. Hier wird üblicherweise eine Liste erstellt, die auch den Käufer davor schützen soll, das für das Inventar bezahlte Geld zu verlieren, wenn er dann doch eine geräumte Wohnung bekommt. Diese Liste existiert daher real und kann dem Finanzamt zum Beispiel bei einer Selbstanzeige vorgelegt werden.

Dass die Abgabenhinterziehung vom Finanzamt in diesen Fällen entdeckt wird, ist daher besonders wahrscheinlich. Aber auch dort, wo überhaupt keine Urkunden über das Schwarzgeld existieren, gibt es beträchtliche Risiken.

Der Verkäufer geht in Konkurs

Beispiel

Herr X kauft eine gebrauchte Eigentumswohnung von Frau Y um EUR 250.000,00, wobei EUR 50.000,00 nicht im Kaufvertrag aufscheinen, sondern bar bei Vertragsunterzeichnung eingezahlt werden. Frau Y, finanziell etwas angeschlagen, deckt mit den EUR 50.000,00 einen Rückstand auf ihrem Girokonto ab. Noch am selben Tag bringt ein Gläubiger einen Konkursantrag gegen Frau Y ein. Kurz darauf wird der Konkurs über das Vermögen der Verkäuferin eröffnet, und der Kaufvertrag kommt nicht zustande. Die „Anzahlung" sieht Herr X nie wieder.

Unter anderem zum Schutz des Käufers vor einer Insolvenz des Verkäufers, aber auch um sicherzustellen, dass der Käufer auch in diesem Fall das Kaufobjekt bekommt, überwacht ein Treuhänder den Zahlungsverkehr. Man spricht von der „treuhändigen Abwicklung."

Bei dieser „treuhändigen Abwicklung" sorgt der Vertragserrichter, ein Rechtsanwalt oder Notar, dafür, dass der Kaufpreis nur dann fließt, wenn alle vereinbarten Bedingungen erfüllt sind.

Der Käufer zahlt also den Kaufpreis nicht direkt auf ein Konto des Verkäufers, sondern auf ein eigens für diesen Vertrag bzw. für diese Immobilientransaktion errichtetes Treuhandkonto des Vertragserrichters. Dieser zahlt den Kaufpreis nur dann an den Verkäufer aus, wenn sichergestellt ist, dass der Käufer die Immobilie auch tatsächlich bekommt, also im Grundbuch eingetragen wird.

Der Kaufpreis auf dem Treuhandkonto ist versichert, so dass sogar im unwahrscheinlichen Fall, dass der Treuhänder mit dem Geld verschwindet oder das Geld sonst wie veruntreut, der Käufer den Kaufpreis zurückerstattet bekommt.

Versichert sind aber nur die Gelder, die tatsächlich auf das Treuhandkonto bezahlt werden.

Wird hingegen – wie im obigen Beispiel – ein Teil des Kaufpreises schwarz gezahlt, ist dieser Teil auch nicht versichert und es besteht die Gefahr eines Totalverlustes, wenn der Verkäufer in Konkurs geht, oder, wie im Folgenden beschrieben wird, mit dem Geld verschwindet.

Verkäufer verschwindet

Aus demselben Grund, aus dem Schwarzgeld nicht in schriftlichen Urkunden erwähnt werden sollte, sollte es auch nicht überwiesen werden. Nämlich um zu vermeiden, dass die Zahlung vom Finanzamt entdeckt wird. Aus diesem Grund wird Schwarzgeld meist bar bezahlt. Es drängt sich hier förmlich der Gedanke an den schwarzen Aktenkoffer auf, der von Käufer zu Verkäufer wechselt.

Wird neben dem Kaufpreis laut Vertrag aber auch Bargeld bezahlt, und gibt es keine Beweise, dass die Übergabe tatsächlich stattgefunden hat, kann der Verkäufer bestreiten, das Geld je bekommen zu haben, oder auch plötzlich das Interesse am Verkauf verliehen und die Abwicklung verhindern oder zumindest erheblich verzögern.

Das an den Verkäufer direkt übergebene Geld ist (wie oben bereits dargestellt) auch nicht im Rahmen der treuhändigen Zahlungsabwicklung versichert, sodass das Geld verloren geht, wenn der Verkäufer damit die Flucht ergreift.

Diese Gefahr kann man verringern, wenn man den inoffiziellen Teil des Kaufpreises z.B. erst nach Unterfertigung des Kaufvertrages zahlt. Das hätte für den Käufer den Vorteil, dass im Kaufvertrag nur die Summe steht, die unter Berücksichtigung der Schwarzgeldzahlung noch offen ist. Der Verkäufer könnte also auch keine höhere Summe in den Vertrag „hineinreklamieren", wenn er die erhaltene Zahlung „vergessen" sollte. Aber selbst diese Art der Abwicklung hilft nichts, wenn der Kaufvertrag trotz Unterschrift nicht zustande kommt, und der Verkäufer das Geld bereits ausgegeben hat oder insolvent wird.

Für den Verkäufer hingegen ist es vorteilhafter, den Vertrag erst zu unterschreiben, wenn er den „schwarzen" Teil des Kaufpreises bereits bekommen hat. In der Praxis ist es daher meistens so, dass der Verkäufer den „schwarzen" Teil des Kaufpreises als Anzahlung haben will.

Nachdem bei den meisten Immobilien die Nachfrage größer ist als das Angebot, haben die Verkäufer meist eine bessere Verhandlungsposition.

Vermutlich aus diesem Grund entscheiden sich viele Käufer dazu, lieber einen Teil des Kaufpreises schwarz zu zahlen, als zu riskieren, dass ein anderer Käufer zum Zug kommt.

Tipp: Wenn Sie schon schwarz zahlen, dann so, dass Sie beweisen können, dass Sie wirklich bezahlt haben. Lassen Sie sich eine Quittung geben oder zahlen Sie im Beisein eines Zeugen.

Betrug

Bei Liegenschaftskäufen oder -verkäufen kommt es immer wieder zu Betrugsfällen.

Beispiel

Der Rip-Deal gilt als der Klassiker unten den Betrugsmaschen bei Immobilienverkäufen, und es gibt ihn in vielen Varianten, von denen zwei hier kurz dargestellt werden:

Variante 1: Opfer ist der Immobilienverkäufer. Kaum hat er seine Anzeige inseriert, ruft auch schon ein Interessent an. Eine freundliche Stimme meldet sich als der Vertreter oder Makler eines ausländischen Geschäftsmannes, der die Immobilie kaufen möchte. Der Preis wird nicht verhandelt, die Immobilie wird nicht besichtigt. Der Geschäftsmann kann aber nicht nach Österreich reisen, weshalb das Geschäft im Ausland stattfinden soll. Die Provision ist vorab zu zahlen.

In der Euphorie der Situation vereinbart der Verkäufer mit dem Vermittler einen Termin im Ausland (häufig in Italien). In einem luxuriösen Hotel wird die Provision in bar vorab übergeben. Das Geschäft kommt freilich nie zustande, der Vermittler verschwindet mit der Provision.

Variante 2: Opfer kann auch der Immobilienkäufer sein, der einen Kredit benötigt. In diesem Fall möchte der Kreditgeber eine Sicherheit für die Kreditsumme, zum Beispiel 10 % in bar. Die Sicherheit soll beim Kreditgeber hinterlegt werden. Auch die Kreditsumme wird bar ausgezahlt. Das ganze geschieht wieder in einem Hotel im Ausland, dem Opfer wird der Koffer mit dem Geld gezeigt. Zu diesem Zeitpunkt ist der Koffer tatsächlich mit echtem Geld befüllt. Dann gibt der Kreditnehmer, also das Opfer, seinen Koffer ab (dieser Koffer ist immer mit echtem Geld gefüllt), und bekommt dafür den Koffer mit der Kreditsumme. Der Koffer mit der Kreditsumme wurde aber ausgetauscht. Entweder ist nur in der obersten Reihe echtes Geld, und darunter nur noch Papierschnipsel, oder es ist überhaupt nur Falschgeld im Koffer. Nach der Übergabe verschwindet der Kreditgeber mit dem echten Geld, während das Opfer die Anzahlung los ist und bestenfalls noch den Aktenkoffer verwerten kann.

Diese Fälle sind häufig, und die Opfer kommen aus allen Gesellschaftsschichten. Viele Fälle bleiben unentdeckt, weil die Opfer sich schämen, oder selbst Schwarzgeld waschen wollten.

Alarmsignale:

- Der Kaufinteressent will die Immobilie kaufen, ohne sie zu besichtigen;
- Es gibt kein Interesse an Preisverhandlungen, teilweise wird der geforderte Preis sogar überboten;
- Der Interessent handelt im Auftrag eines reichen, ausländischen Geschäftsmannes;
- Das Geschäft kann nicht in Österreich stattfinden, Sie sollen für ein Treffen ins Ausland reisen;
- Sie bekommen nur eine E-Mail-Adresse und eine Handynummer Ihres Geschäftspartners bzw. von seinem Vermittler.

Ein Alarmsignal ist es auch, wenn der Verkäufer nicht gleichzeitig der Eigentümer laut Grundbuchsauszug ist. Häufig geben diese Personen dann an, vom Verkäufer mit dem Verkauf beauftragt zu sein, oder ähnliches. Häufig wird dann eine Anzahlung für die Herstellung des direkten Kontakts verlangt, die dann für immer verloren ist.

> **Tipp:** Immer dann, wenn der Verkäufer versucht, den Käufer unter Druck zu setzen, beispielsweise indem er behauptet, dass es zahlreiche Interessenten gebe, und eine Anzahlung fordert, ist es meistens besser, noch eine oder mehrere Nächte darüber zu schlafen und sich die Sache in aller Ruhe durch den Kopf gehen zu lassen.
>
> Auf der anderen Seite sollte man als Verkäufer auch skeptisch sein, wenn ein Vertreter eines Käufers angibt, dass die Immobilie ohne Besichtigung gekauft werden soll, und seinerseits die Provision vorab kassieren will.
>
> Keinesfalls sollte man sich in der Hitze des Gefechts des dazu hinreißen lassen, als Verkäufer – unter welchem Vorwand auch immer – dem Käufer Geld zu übergeben.

Risiko 3: Mängel am Objekt

Beim „Schwarzzahlen" steht das Sparen im Vordergrund – auch wenn das (wie oben dargestellt) einer näheren Prüfung nicht standhält, wenn man sich die Zahlen und rechtlichen Risiken vor Augen führt.

Dennoch ist es verständlich, dass gespart wird, wo es geht. Weil die Budgetplanung ganz am Anfang jedes Immobilienkaufs steht, denkt zu diesem Zeitpunkt kaum jemand daran, was passiert, wenn sich nach der Übergabe Mängel zeigen. Ein Gedanke, den die meisten Immobilienkäufer (verständlicherweise) am liebsten überhaupt komplett ausblenden.

Was passiert aber, wenn Mängel am Objekt auftreten, die man erst bemerkt, nachdem man eingezogen ist?

Beispiel

Ein junges Pärchen kauft eine kleine gebrauchte Wohnung von einem privaten Verkäufer um EUR 160.000,00. Mit dem Verkäufer einigt man sich, dass im Kaufvertrag lediglich EUR 100.000,00 aufscheinen, die restlichen EUR 60.000,00 werden bar übergeben.

Nach einigen Wochen werden Feuchtigkeitsflecken an der Wand im Wohnzimmer sichtbar. Das Pärchen bestellt einen Handwerker, der feststellt, dass es sich bei der feuchten Wand nur um eine Vorsatzschale handelt, die der Verkäufer errichtet hatte, um die völlig durchfeuchtete Ziegelwand zu verstecken. Für die Sanierung des Feuchtigkeitsschadens erstellt der Handwerker einen Kostenvoranschlag über EUR 20.000,00.

Das Pärchen wendet sich nun an den Verkäufer und fordert ihn auf, die Kosten für die Behebung des Feuchtigkeitsschadens zu tragen. Der Verkäufer stellt auf stur und weigert sich, die Kosten für die Behebung des Feuchtigkeitsschadens zu tragen. Das Pärchen wendet sich an einen Rechtsanwalt. Letztlich müssen die Sanierungskosten vom Verkäufer einklagt werden.

Grundlage für die gerichtliche Durchsetzung der Gewährleistungsansprüche ist der Kaufvertrag, sodass jetzt auch die Frage des Schwarzgeldes wieder relevant wird. Denn im Kaufvertrag scheinen lediglich EUR 100.000,00 auf. Die Höhe des Kaufpreises spielt in einem Gerichtsverfahren bei der Frage des Gewährleistungsrechtes oft eine bedeutende Rolle.

Denn vereinfacht gesagt gilt: je niedriger Kaufpreis, desto schlechter sind auch die Chancen für die Durchsetzung von Gewährleistungsansprüchen.

In der Praxis führen daher Schwarzgeldzahlungen oft zu Problemen bei der Durchsetzung von Gewährleistungsansprüchen nach der Übergabe des Objektes. Konkret bedeutet das oft, dass beim Finanzamt eine Selbstanzeige gemacht werden muss, bevor rechtliche Schritte gegen den Verkäufer eingeleitet werden. Das wäre zwar rein rechtlich für die Durchsetzung der Gewährleistungsansprüche nicht notwendig. Aber weil derjenige, der die Selbstanzeige einbringt, finanzstrafrechtlich nicht verfolgt wird, ist der Käufer unter Druck. Die zuvor „gesparte" Steuer muss also nach der Selbstanzeige bezahlt werden, ohne Selbstanzeige ist mit Strafzuschlägen zu rechnen.

Häufig ist die Finanzierung einer Eigentumswohnung oder eines Eigenheimes aber ohnehin recht knapp kalkuliert. Für unvorhergesehene Kosten für eine Mängelbehebung gibt es meist kein Budget, umso weniger für die Kosten von Geldstrafen an das Finanzamt.

Aber auch emotional ist die Belastung nicht zu unterschätzen.

Es ist schon schlimm genug, in einer mangelhaften Eigentumswohnung zu leben und sich mit dem Verkäufer um die Sanierungskosten zu streiten, sodass weitere Probleme wie eine Selbstanzeige beim Finanzamt zu einer unerträglichen Belastung werden können.

Erfahrungsgemäß taucht die Schwarzgeldzahlung nämlich erst Jahre nach Vertragsabschluss auf, wenn niemand mehr damit rechnet.

Risiko 4: Verkauf der Immobilie

Wer sich eine Eigentumswohnung oder ein Einfamilienhaus zur Eigennutzung anschafft, denkt in der Regel nicht daran, die Immobilie wieder zu verkaufen. Tatsächlich ändern sich jedoch viele Dinge im Laufe der Zeit. Familienzuwachs kann erhöhten Platzbedarf bedeuten, geänderte finanzielle Verhältnisse können es einem erlauben, eine größere Wohnung zu beziehen, oder einen zwingen, eine Wohnung wieder zu verkaufen, etc.

Anders steht bei der Anlegerwohnung neben der laufenden Rendite oft auch der Gedanke der Wertsteigerung im Vordergrund. Der Anleger möchte nach Amortisierung der Investitionskosten natürlich gewinnbringend verkaufen können.

Früher konnte man Immobilien nach zehn Jahren „steuerfrei" verkaufen. Nur wer seine Immobilie innerhalb dieses Zeitraumes verkaufte, musste die so genannte „Spekulationssteuer" auf den Gewinn zahlen. Die Spekulationssteuer, genauer genommen die Einkommensteuer auf Gewinne aus Immobilienveräußerungen, wurde 2012 von der Immobilienertragsteuer abgelöst.

Die Immobilienertragsteuer beträgt 30 % vom Veräußerungserlös und ist grundsätzlich vom Vertragserrichter selbst zu berechnen und an das Finanzamt abzuführen.

Ausnahmen gibt es für selbst hergestellte Gebäude und für Wohnungen, in denen bisher der Hauptwohnsitz des Verkäufers war, wenn er den Hauptwohnsitz aufgibt, oder wenn er innerhalb der letzten 10 Jahre vor Veräußerung zumindest 5 Jahre durchgehend in der Wohnung seinen Hauptwohnsitz hatte.

Die Kosten für die Berechnung und Abführung der Immobilienertragsteuer sind in vielen Fällen steuerlich absetzbar.

Aber gerade beim Verkauf einer Wohnung mit Gewinn wirkt sich beim Kauf der Wohnung gezahltes Schwarzgeld besonders negativ aus. Das betrifft nicht nur Schwarzgeld, das beim Kaufpreis gezahlt wurde, sondern auch Schwarzgeld, das für Nebenkosten, wie zum Beispiel die Vertragserrichtung, geflossen ist.

Kosten der Vertragserrichtung

Die Kosten der Vertragserrichtung variieren je nach dem, was für ein Vertrag errichtet werden soll und welche zusätzlichen Leistungen erbracht werden sollen. Häufig finanziert eine Bank den Immobilienkauf, dann muss der Vertragserrichter weitere Treuhandschaften übernehmen. Für solche zusätzlichen Leistungen fallen dann auch zusätzliche Kosten an.

Wer die Kosten für die Vertragserrichtung zahlt, ist Vereinbarungssache. Üblich ist, dass derjenige den Anwalt zahlt, der ihn aussucht. Häufig versuchen Verkäufer oder sogar Makler auch, Käufern einen Anwalt „aufzuzwingen". Grundsätzlich gilt: Wer zahlt, schafft an.

Bei der derzeitigen steuerlichen Situation ist es besser, der Käufer zahlt die Kosten der Vertragserrichtung. Wenn die Immobilie dann später verkauft wird, wirken sich diese „Anschaffungsnebenkosten" nämlich steuer-mindernd aus.

Hier zeigen sich aber die Probleme, wenn der Kaufpreis für die Immobilie „schwarz" gezahlt wurde, oder die Kosten der Vertragserrichtung (ganz oder auch nur teilweise) ohne Rechnung bezahlt wurden.

Beispiel

In unserem letzten Beispiel kauft das Pärchen eine Wohnung um EUR 160.000,00. Davon sind EUR 60.000,00 schwarz geflossen, und im Kaufvertrag stehen nur EUR 100.000,00. Die Ersparnis bei 3,5 % Grunderwerbsteuer und 1,1 % Eintragungsgebühr beträgt insgesamt EUR 2.760,00.

Nach einem Jahr trennt sich das Paar und die Wohnung wird verkauft. Nachdem die Immobilienpreise gestiegen sind, kann die Wohnung um EUR 180.000,00 verkauft werden. Kein Problem, der Gewinn von EUR 20.000,00 muss mit 30 % versteuert werden, es fallen EUR 6.000,00 an Immobilienertragsteuer an.

ABER: Im Kaufvertrag stehen nur EUR 100.000,00. Der „offizielle" Gewinn beträgt daher EUR 80.000,00 und die Immobilienertragsteuer beläuft sich jetzt auf EUR 24.000,00. Spätestens jetzt steckt das Pärchen in der Zwickmühle und hat die Wahl zwischen einer Selbstanzeige oder einer viel zu hohen Immobilienertragsteuer. Die dritte Lösung wäre natürlich, dass sich das Pärchen auch hier wieder einen Teil des Kaufpreises „schwarz" zahlen lässt, womit ein Teufelskreis entsteht.

Das Gleiche gilt für die Anwaltskosten. Hat das Pärchen bei der Anschaffung der Wohnung EUR 4.000,00 für die Vertragserrichtung bezahlt, aber dafür nur eine Rechnung über EUR 1.000,00 bekommen, können auch nur EUR 1.000,00 als Anschaffungsnebenkosten steuermindernd berücksichtigt werden. Hier spart man die Umsatzsteuer auf die EUR 3.000,00, die ohne Rechnung bezahlt wurden, also EUR 600,00.

Wurde also die Wohnung um EUR 160.000,00 gekauft und EUR 4.000,00 an den vom Verkäufer gewählten Anwalt für die Vertragserrichtung bezahlt, würde die Immobilienertragsteuer bei Verkauf der Wohnung so berechnet:

Variante „offiziell"

Anschaffungskosten	€ 160.000,00
Vertragserrichtungskosten	€ 4.000,00
Verkaufspreis	€ 180.000,00
Bemessungsgrundlage ImmoEst	€ 16.000,00
davon 30 %	**€ 4.800,00**

ImmoEst zu zahlen.

Variante „schwarz"

Anschaffungskosten (offiziell)	€ 100.000,00
Vertragserrichtungskosten (offiziell)	€ 1.000,00
Verkaufspreis	€ 180.000,00
Bemessungsgrundlage ImmoEst	€ 79.000,00
davon 30 %	**€ 23.700,00**

ImmoEst zu zahlen.

Ersparnis beim Kauf:	*€ 3.360,00*
Schaden beim Verkauf	*€ 18.900,00.*

Tipp: OHNE RECHNUNG KEINE ZAHLUNG.

Das Beispiel verdeutlicht die Auswirkungen des Zahlens, aber auch des Annehmens von Schwarzgeld.

Die Ersparnis im Zuge der Anschaffung ist in der Regel, vor allem gemessen an der Gesamtinvestition, beinahe irrelevant.

Hingegen sind die Mehrkosten, die dann bei der Veräußerung der Immobilie entstehen, ganz beträchtlich.

Schließlich verschlechtern Schwarzgeldzahlungen auch die Position des Käufers, wenn er beispielsweise Gewährleistungsansprüche gegen den Verkäufer durchsetzen will.

3.   Lage Lage Lage

Die Lage einer Immobilie ist für den Wert und den Werterhalt mit Abstand das wichtigste Kriterium. Auch bei einem Einfamilienhaus oder einer Eigentumswohnung spielt bei der Kaufentscheidung die Lage eine wesentliche Rolle. Und natürlich ist auch beim Kauf der Anlegerwohnung die Lage ein wichtiger Punkt.

Bei „Lage" denkt man gewöhnlich an die

- Infrastruktur,
- Verkehrsanbindung,
- Ausrichtung des Grundstückes;
- öffentliche Verkehrsmittel,
- Einkaufsmöglichkeiten,
- Schulen und Kindergärten, etc.

Die Lage hat aber viele Facetten und es gibt dabei unterschiedlichste Aspekte zu beachten.

So spielt auch der *Ruf* einer Gegend spielt aber häufig eine wichtige Rolle bei der Kaufentscheidung. Immer wieder ist zu beobachten, wie sich um gewisse Gegenden ein „Hype" entwickelt, der zu ungewöhnlichen Preissteigerungen führen kann.

Die Nachbarschaft an sich, also die unmittelbaren Haus bzw. Wohnungsnachbarn, finden dabei oft nicht die gebührende Beachtung.

Bei größeren Städten oder Orten gibt es eine gewisse Anonymität, und die Nachbarschaft spielt bei einem

Einfamilienhaus mit großem Grundstück eine geringere Rolle, als in einer Wohnanlage mit 60 Wohnungen.

Auch der Zweck, für den eine Immobilie angeschafft wird, ist maßgeblich für die Beurteilung der Nachbarschaft. Bei einer Anlegerwohnung, die an Studenten vermietet werden soll, ist es normalerweise kein Problem, wenn im Haus viele Studenten wohnen. Wenn man selber in der Wohnung leben will und es gerne ruhig hat, ist das Objekt dann vielleicht nicht geeignet.

Und allzu oft sind es gerade die Nachbarn, die großen Einfluss darauf haben, ob wir mit einer Wohnung oder einem Haus auf Dauer zufrieden sind.

Generell sollte man sich beim Kauf gebrauchter, selbst genutzter Immobilien fragen: Warum will der Verkäufer verkaufen?

Häufig haben diese Gründe nichts mit den Nachbarn zu tun, machnachmal aber schon. Die Fälle von extremen Nachbarschaftsstreitigkeiten, die über die Gerichte oft sogar den Weg ins Fernsehen finden, sind mittlerweile hinlänglich bekannt. Was im Fernsehen noch für Kopfschütteln sorgt oder für den einen oder anderen Lacher gut ist, kann zu einer großen Belastung werden, wenn man selbst betroffen ist.

Aber nicht nur die persönlichen Begegnungen mit den Nachbarn sind entscheidend. Man könnte einem unangenehmen Nachbarn schließlich auch gelassen aus dem Weg gehen.

Es gibt aber auch Fälle, wo man auf die Zustimmung von Nachbarn rechtlich angewiesen ist.

Will man zum Beispiel eine Eigentumswohnung nach den eigenen Vorstellungen umgestalten, braucht es dafür oft die Zustimmung der übrigen Wohnungseigentümer.

Am besten, man hört sich direkt im Haus um, und fragt bei den Nachbarn nach, wenn man beabsichtigt, eine Wohnung nach dem Kauf umzubauen.

Hat man erst den Kaufvertrag oder das Kaufanbot unterschrieben, ist es oft schon zu spät, sich darüber Gedanken zu machen.

Beispiel

Eine junge Familie kauft sich eine gebrauchte Eigentumswohnung in einer kleinen Wohnanlage in Aussichtslage in der Nähe einer Stadt.

Die Wohnung hat einen großen Balkon, der aber leider ein schreckliches Geländer hat, sodass man die schöne Aussicht nicht richtig genießen kann. Deshalb soll anstatt des Holzgeländers eine Konstruktion aus Metall und Glas den in die Jahre gekommenen Balkon verschönern.

Für diese Veränderung braucht es aber die Zustimmung sämtlicher Miteigentümer der Anlage. Gibt es auch nur einen einzigen Nachbarn, der dem Vorhaben nicht zustimmt, scheitert der Umbau oder wird zumindest erheblich erschwert (in bestimmten Fällen kann die Zustimmung eines Miteigentümers durch einen Gerichtsbeschluss ersetzt werden).

> **Tipp:** Will man eine gebrauchte Eigen-
> tumswohnung nach seinen eigenen Vorstel-
> lungen umbauen, sollte man schon vor dem
> Kauf die Zustimmung der übrigen Miteigen-
> tümer einholen. Das geht natürlich am leich-
> testen, wenn man bereits einen Plan hat und
> den zukünftigen Nachbarn anhand einer Vi-
> sualisierung zeigen kann, womit sie zu rech-
> nen haben.

Die Umfrage bei den Nachbarn hat auch den Vorteil, dass man dabei feststellen kann, ob es Nachbarn gibt, die entweder aus Neid oder sonstigen Gründen jedenfalls Schwierigkeiten machen werden.

Übernachten in der Wunschwohnung

Zugegeben, es ist in unseren Breiten nicht üblich, in einer Wohnung zu übernachten, die man noch nicht gekauft hat.

Wenn es aber irgendwie möglich ist, sollten Sie in der künftigen Wohnung übernachten (sofern der Verkäufer das zulässt). Wenn man das nämlich tut, kann man zum Beispiel feststellen, dass sich in der unmittelbaren Nachbarschaft der künftigen Wohnung ein Lokal mit lauter Musik befindet, das in der Nacht für einen erheblichen Geräuschpegel sorgt.

Bei der Besichtigung am Tag ist natürlich nichts zu hören. Normalerweise würde man diese Lärmbelästigungen erst bemerken, nachdem man die Wohnung bezogen hat – also zu spät.

Dasselbe betrifft auch die Schallisolierungen innerhalb der Wohnanlage. Zu den Zeiten, zu denen normalerweise die Besichtigungen stattfinden (also tagsüber), sind oft kaum Nachbarn zuhause. Erst am Abend, wenn man im Bett liegt und schlafen möchte, aber den Fernseher der Nachbarwohnung hört, als stünde er im eigenen Zimmer, wirkt sich die Hellhörigkeit einer Wohnung aus.

Oft ist es aber leider nicht möglich, bereits vor dem Kauf in einer Wohnung zu übernachten. Entweder wohnen die Verkäufer bis zum letzten Tag vor der Übergabe selbst in der Wohnung, oder sie wollen schlicht und einfach nicht, dass Fremde in ihrer Wohnung übernachten – was man auch verstehen kann.

Es ist aber alles Vereinbarungssache, ob und wie viel Zeit man in einer Wohnung verbringen kann, bevor man sie kauft. Und das Ergebnis dieser Vereinbarung hängt stark davon ab, wie groß die Nachfrage einerseits, und der Verkaufsdruck andererseits sind.

Manche Verkäufer von neu errichteten Wohnungen, insbesondere Bauträger, ermöglichen Interessenten, sich auch mehrere Stunden in einer möblierten Musterwohnung aufzuhalten. Diese Chance, ein „Gefühl" für die Wohnung zu bekommen, sollte man unbedingt nutzen.

Jedenfalls könnte man den Makler um einen späten Besichtigungstermin bitten. Fragen kostet nichts.

Betriebe in der Umgebung

Vor allem, wenn man eine Wohnung in einer Gegend kaufen möchte, die man noch nicht genau kennt, also z.B. in eine neue Gemeinde, ein neues Bundesland oder einen neuen Staat zieht, sollte man sich einen Überblick über die größere Umgebung machen.

Dabei kann es hilfreich sein, einen Blick in Google Maps zu werfen und die Satellitenansicht zu aktivieren. So kann man sehen, was es in der näheren Umgebung alles gibt.

Gibt es beispielsweise in der näheren Umgebung einen großen Industriebetrieb, kann das Auswirkungen auf den Wert des Grundstückes haben. Auch größere Landwirtschaften können zu Immissionen (Lärm, Geruch, etc.) führen, an die man vielleicht noch nicht gedacht hat.

Manche Karten zeigen sehr viele interessante Informationen, wie z. B. die Dauer der Sonneneinstrahlung oder verschiedene Gefahren durch Wildwasser oder Lawinen.

Der Aufwand, die Umgebung näher zu erkunden, ist dank dieser modernen Technologien wirklich überschaubar. Angesichts der Tatsache, dass ein Immobilienkauf doch eine wesentliche Investition ist, rentiert sich der Aufwand also jedenfalls.

4. Gekauft wie gesehen: worauf Sie bei der Besichtigung achten sollten

Wer für sich und seine Familie ein Eigenheim sucht, für den ist es selbstverständlich, dass er die Wohnung oder das Haus besichtigt, bevor er den Kaufvertrag unterschreibt. Schließlich will man sehen, wo man später selbst wohnt und sich von der Qualität der Immobilie einen persönlichen Eindruck verschaffen.

Viel weniger selbstverständlich ist die Besichtigung aber schon dann, wenn man eine Wohnung als Anlageobjekt kauft. Wenn man selbst später nicht darin wohnen muss, nimmt man die Sache häufig nicht mehr ganz so ernst, wie sie eigentlich ist.

Besonders in Ballungszentren mit einer starken Nachfrage nach Wohnraum kommt es immer wieder vor, dass Leute Wohnungen kaufen, um sie später an Studenten zu vermieten. Besonders in Zeiten der Wirtschaftskrise investieren viele lieber in Immobilien, die trotz immer wieder aufflammender Diskussionen um „Blasen" als sichere Anlage gelten.

Beispiel

Ein Pensionist hat eine Lebensversicherung, in die er seit 35 Jahren einzahlt. Nach Beendigung der Laufzeit hat er einen Anspruch auf Auszahlung der angesparten Summe von EUR 250.000,00. Nachdem am Sparbuch so gut wie keine Zinsen gezahlt werden, und der Pensionist nicht möchte, dass sein Erspartes von der Inflation „aufgefressen" wird, entscheidet er sich, das Geld in eine Anlegerwohnung zu investieren.

Er sieht sich den Plan an: die Raumaufteilung passt, zwei etwa gleich große Zimmer, eine Küche mit Essplatz, Bad und WC. Ideal für die Vermietung an Studenten (2-er WG).

Der Pensionist ist von der Lage und vom Grundriss so überzeugt, dass er direkt darauf verzichtet, die Wohnung persönlich zu besichtigen. Schließlich sind in der Verkaufsmappe des Immobilienmaklers schöne Fotos, und es gibt auch noch viele andere Interessenten, die diese Gelegenheit wahrnehmen wollen.

Nachdem der Pensionist die Wohnung gekauft hat, inseriert er sie noch im Sommer (vor Beginn des Wintersemesters) in einer Zeitung und findet schnell Interessenten. Im Sommer ziehen die Studenten ein. Als es im Herbst kühler wird, beschweren sich die Mieter, weil die Heiztherme nicht funktioniert. Der Schaden wird begutachtet, und dabei wird festgestellt, dass die Therme defekt ist. Für die Reparatur muss der Pensionist mehrere tausend Euro investieren.

Der Fall zeigt einerseits, dass die persönliche Besichtigung einer Wohnung, auch wenn es sich „nur" um eine Anlegerwohnung handelt, absolut notwendig ist. Vor allem, wenn es sich um eine gebrauchte Immobilie handelt.

Andererseits zeigt der Fall auch, dass nicht alle Mängel bei der Besichtigung unbedingt auffallen. Es kann bezweifelt werden, dass der Pensionist aus dem Beispiel bei einer Besichtigung im Sommer bemerkt hätte, dass die Heiztherme nicht funktioniert.

Daher macht es Sinn, wenn man die Wohnung nicht nur selbst, sondern im Beisein eines Sachverständigen besichtigt, zum Beispiel mit einem Architekten oder Baumeister.

Tipp: Engagieren Sie jemanden, der die Immobilie für Sie besichtigt.

Erfahrene Investoren wissen, dass sie selbst als Laien viele Mängel nicht feststellen können. Wer auf „Nummer Sicher" gehen will, engagiert für die Besichtigung einen Sachverständigen, zum Beispiel einen beratenden Baumeister. Das kostet vielleicht einige hundert Euro, die aber gut investiert sind. Das Auge des Sachverständigen erkennt auch dort Mängel, wo der Laie nichts erkennt. Mit einfachen technischen Geräten, die sich im Werkzeugkoffer jedes Sachverständigen befinden, von denen aber kaum ein Laie je gehört hat, lassen sich zum Beispiel übermalte Wasserschäden und Schimmelflecken sofort erkennen.

Innen und außen besichtigen

Egal ob es sich um eine Wohnung in einer Wohnanlage oder ein Einfamilienhaus handelt, man sollte eine Wohnung oder ein Haus nicht nur von innen besichtigen.

Nicht nur beim Einfamilienhaus, sondern auch bei einer Wohnanlage zahlt man als Eigentümer beispielsweise auch bei der Reparatur des Daches oder der Fassade der Wohnanlage mit.

Daher sollte man sich auch beim Kauf einer gebrauchten Eigentumswohnung einen Eindruck von den allgemeinen Teilen der Anlage schaffen. Das ist vor allem deshalb wichtig, weil ja einerseits der Zustand außen viel schwieriger geprüft werden kann, als der innere Zustand einer Wohnung. Andererseits sind die Kosten einer Sanierung von Außenanlagen, zum Beispiel des Daches oder der Fassade oft besonders hoch.

Erfahrungsgemäß haben Sachverständige weniger Hemmungen, allgemeine Teile von Liegenschaften wie die Fassade oder das Dach zu begutachten. Sie haben außerdem die erforderlichen Fachkenntnisse, den Zustand baulicher Anlagen zu beurteilen und kennen oft die Schwächen von Gebäuden eines bestimmten Baujahres. Vieles, was dem Laien bei einer noch so gründlichen Besichtigung entgehen würde, bringt der Sachverständige ans Tageslicht.

Natürlich wird es darauf ankommen, wie groß die Investition ist, um zu beurteilen, ob es sich finanziell lohnt, einen Sachverständigen mit einer gründlichen Besichtigung zu beauftragen.

Beispiel

Einem guten Sachverständigen würde auffallen, dass ein Dachstuhl marode ist oder eine nicht überdachte Tiefgarageneinfahrt zu steil ist, sodass man im Winter oder bei Nässe Probleme hätte, diese zu befahren.

Auch im obigen Beispiel hätte einem Sachverständigen höchstwahrscheinlich auffallen müssen, dass die Heiztherme nicht funktioniert. Dieses Wissen hätte dann für Preisverhandlungen beim Kauf genutzt werden können, und der Pensionist hätte keinen Schaden gehabt.

Exkurs: Die Sachverständigenhaftung

Einen weiteren Vorteil bietet der Sachverständige, auch wenn er selbst ihn vermutlich nicht in der Werbebroschüre stehen hat – seine Haftung.

Beauftragt man nämlich einen Sachverständigen mit der Besichtigung einer Wohnung und tritt später ein Mangel auf, auf den der Sachverständige nicht hingewiesen hat, obwohl er ihn hätte erkennen können, haftet er persönlich für den eingetretenen Schaden.

Die so genannte „Sachverständigenhaftung" wird in § 1298 ABGB (Allgemeines Bürgerliches Gesetzbuch) geregelt.

Nach dieser Bestimmung gibt, wer sich unter anderem zu einem Handwerk öffentlich bekennt, zu erkennen, dass er sich die dafür erforderlichen besonderen Fähigkeiten und den nötigen Fleiß zutraut.

Für einen Sachverständigen gelten bei der Beurteilung seiner Kenntnisse und eines allfälligen Verschuldens daher die typischen Fähigkeiten und Standards seiner Berufsgruppe, nicht die durchschnittlichen Fähigkeiten des Einzelnen. Ein Sachverständiger muss sich also schon dann ein Verschulden anrechnen lassen, wenn er die Standards seiner Berufsgruppe nicht erfüllt.

Das Verschulden wiederum ist ein wesentliches Kriterium bei der Geltendmachung von Schadenersatzansprüchen.

In der Praxis gilt daher die Sachverständigenhaftung als besonders streng. Aus Sicht des Wohnungskäufers und Auftraggebers des Sachverständigen zum Beispiel für eine Wohnungsbesichtigung, ist das sehr günstig. Im Streitfall muss nämlich der Sachverständige beweisen, dass ihn kein Verschulden daran trifft, einen Mangel nicht erkannt zu haben. Er müsste beweisen, dass auch ein anderer sorgfältiger Sachverständiger den Mangel nicht entdeckt hätte. Dieser Beweis ist erfahrungsgemäß in der Praxis nur sehr schwer zu erbringen, sodass die Chancen für den Wohnungskäufer gut stehen, seinen Schaden vom Sachverständigen ersetzt zu bekommen.

Hätte der Pensionist in unserem letzten Beispiel also einen Sachverständigen mit der Besichtigung der Anlegerwohnung beauftragt, müsste der Sachverständige die Reparatur der Therme möglicherweise sogar aus eigener Tasche bezahlen, wenn er den Pensionisten auf diesen

Mangel nicht hingewiesen hat und er ihn hätte erkennen müssen.

Dazu kommt noch der weitere Vorteil, dass Sachverständige in der Regel haftpflichtversichert sein müssen. Das heißt, dass eine Versicherung des Sachverständigen den Schaden deckt. Der Wohnungskäufer bekommt also das Geld auch dann, wenn der Schaden die finanziellen Möglichkeiten des Sachverständigen übersteigen würde.

Die Kosten für die Besichtigung durch den Sachverständigen sind also in jedem Fall gut investiertes Geld.

Wer sich dieses Geld trotzdem sparen will, sollte eine Checkliste bei der Besichtigung durchgehen, um sicherzustellen, dass er nichts vergisst.

Solche Checklisten finden Sie bei zahlreichen Immobilienbörsen kostenlos im Internet. Idealerweise überlegen Sie selber, welche Kriterien für Sie wichtig sind, und machen sich Ihre individuelle Checkliste.

Fallen einem bei der Besichtigung der Wohnung vor Abschluss des Kaufvertrages Mängel auf, können sie gut für die Preisverhandlungen verwendet werden. Oft sind Verkäufer auch bereit, die Mängel auf eigene Kosten zu sanieren.

> **Tipp:** Prüfen Sie die Wohnung mit einer Checkliste, um nichts zu vergessen.

5. Der Kauf vom Bauträger

Entscheidet man sich für einen Neubau, und werden die Verträge unterschrieben, bevor überhaupt mit dem Bau begonnen wurde, ist eine Besichtigung natürlich nicht möglich.

In solchen Fällen ist man als Konsument in den allermeisten Fällen durch das Bauträgervertragsgesetz (BTVG) abgesichert.

Das Bauträgervertragsgesetz (BTVG) stellt, vereinfacht gesagt, sicher, dass nur Geld an den Bauträger ausgeschüttet wird, nachdem ein gewisser Baufortschritt von einem Sachverständigen festgestellt wurde. Ein Ratenzahlungsplan sichert den Käufer weiter ab.

Als Konsument können Sie nicht auf die Geltung des Bauträgervertragsgesetzes verzichten. Wenn Sie also kaufen, bevor die Wohnung fertiggestellt wurde, sind Sie durch das BTVG jedenfalls abgesichert.

Wenn die Besichtigung der Wohnung an sich nicht möglich ist, sollte besonderer Wert auf die Bau- und Ausstattungsbeschreibung gelegt werden. Sie ist bei Neubauten dem Kaufvertrag beigelegt und enthält wichtige Informationen über die Details der Anlage und der einzelnen Wohnungen. Dort wird z. B. beschrieben, ob die Böden mit Laminat oder Parkett verlegt werden, wie die Bäder verfliest sind, und welche Anschlüsse (Strom, Waschmaschine, etc.) in welcher Anzahl und in welchen Räumen vorgesehen sind.

Bei der Bau- und Ausstattungsbeschreibung sollte darauf geachtet werden, dass sie zum Preis der Wohnung passt.

Glaubt man aufgrund des Preises, ein hochwertiges Objekt zu kaufen, sollte sich das auch in der Bau- und Ausstattungsbeschreibung in irgendeiner Form widerspiegeln (z. B. in der Anführung einer bestimmten Marke von Armaturen, oder sonstigen Besonderheiten wie einer außergewöhnlichen Raumhöhe). Ansonsten hat man keine Handhabe gegen den Bauträger, wenn sich dieser an die Bau- und Ausstattungsbeschreibung gehalten hat, man sich aber „mehr" erwartet hat.

Exkurs: Das Bauträgervertragsgesetz (BTVG) – ein kurzer Überblick über die wichtigsten Bestimmungen

Anwendungsbereich

Ziel des BTVG ist es, den Käufer, der vor Fertigstellung eines Bauprojektes schon verpflichtet ist, Zahlungen an den Bauträger zu leisten, vor dem Verlust seines Geldes im Konkursfall des Bauträgers zu schützen.

Bei Bauträgerverträgen geht es daher typischerweise um den Erwerb von Rechten (meistens (Wohnungs-) Eigentumsrecht oder Mietrecht) an Gebäuden, die erst errichtet werden, oder durchgreifend erneuert werden.

Verträge über bereits bestehende Wohnungen fallen nicht in den Anwendungsbereich des BTVG.

Das BTVG im Übrigen aber nur anzuwenden, wenn der Erwerber vor der Fertigstellung vereinbarungsgemäß

Zahlungen von mehr als EUR 150,00 pro m² Nutzfläche an den Bauträger zu leisten hat.

Dabei sind auch Zahlungen für Sonder- und Zusatzleistengen, sofern sie vom Bauträger angeboten oder vorgegeben wurden, einzubeziehen.

Dieses Kriterium bereitet in der Praxis nur selten Schwierigkeiten, da die Preise nahezu immer deutlich über der Mindestschwelle liegen.

Die wichtigsten Schutzbestimmungen:

Der Bauträgervertrag muss schriftlich sein und folgenden Mindestinhalt haben:

- das Gebäude, die Wohnung oder den Geschäftsraum samt Zubehör (eigentlicher Vertragsgegenstand) und die vom Erwerber gewöhnlich nutzbaren Teile der Gesamtanlage, wobei das Ausmaß, die Lage und die Widmung des eigentlichen Vertragsgegenstandes und der Anlage jeweils bestimmt zu bezeichnen und aussagekräftige Pläne, Baubeschreibungen sowie eine Beschreibung der Ausstattung und ihres Zustandes zu Grunde zu legen und zu übergeben sind;
- den Hinweis, dass der eigentliche Vertragsgegenstand oder die Gesamtanlage in einer wildbach- oder lawinenbedingten Gefahrenzone oder einem Hochwasserabflussgebiet liegt oder die betreffende Liegenschaft im Verdachtsflächenkataster geführt oder im Altlastenatlas ausgewiesen wird;

91

- den Preis und die vom Erwerber jeweils für Sonder- und Zusatzleistungen zu entrichtenden Beträge (§ 1 Abs. 1), wobei über alle damit verbundenen Abgaben und Steuern sowie die Kosten der Vertragserrichtung und -abwicklung zu informieren ist;
- die Fälligkeit der Zahlungen des Erwerbers;
- den spätesten Termin der Übergabe des eigentlichen Vertragsgegenstandes und der Fertigstellung der vom Erwerber gewöhnlich nutzbaren Teile der Gesamtanlage;
- vom Erwerber allenfalls zu übernehmende dingliche oder obligatorische Lasten;
- die Art der Sicherung des Erwerbers;
- das Konto des Bauträgers, auf das der Erwerber die Zahlungen bei einer Sicherung durch Garantie oder Versicherung zu entrichten hat, wobei der Erwerber über die damit verbundenen Rechtsfolgen zu informieren ist, sowie
- den Treuhänder, sofern ein solcher zu bestellen ist.

Fehlt auch nur einer dieser Punkte, kann der Käufer vom Vertrag zurücktreten. Der Bauträger begeht in diesem Fall auch eine Verwaltungsübertretung.

Rücktrittsrecht

§ 5 BTVG normiert Rücktrittsrechte des Erwerbers für zwei unterschiedliche Fälle.

- **Unzureichende Informationen (§ 5 Abs 1 Z 1 – 5 BTVG)**

  Bis spätestens eine Woche vor Abgabe der Vertragserklärung, also Unterfertigung des Kaufvertrages oder Kaufanbotes, sind dem Erwerber alle wichtigen Informationen über das zu erwerbende Objekt (Vertragsinhalt), sowie der genaue Wortlaut der geplanten Absicherung (Sicherungserklärung) des Erwerbers schriftlich zu übermitteln.

  Frist: Der Rücktritt kann bis zum Zustandekommen des Vertrages fristlos erklärt werden, ab Zustandekommen des Vertrages hat der Käufer 14 Tage Zeit, den Rücktritt vom Vertrag zu erklären.

  Die Rücktrittsfrist beginnt mit dem Tag, an dem der Erwerber die oben genannten wesentlichen Informationen und eine Belehrung über das Rücktrittsrecht schriftlich erhält. Frühestens beginnt sie jedoch mit dem Zustandekommen des Vertrags. Das Rücktrittsrecht erlischt spätestens 6 Wochen nach dem Zustandekommen des Vertrags.

- **Ausbleiben einer Förderung (§ 5 Abs 3 BTVG)**

  Haben die Parteien dem Vertrag eine Wohnbauförderung zu Grunde gelegt und wird diese nicht oder in erheblichem Ausmaß aus Gründen, die nicht beim Erwerber liegen, nicht erteilt, so steht diesem ebenfalls ein Rücktrittsrecht zu.

Frist: 14 Tage. Die Frist läuft ab dem Tag des Erhalts der entsprechenden Nachricht sowie der schriftlichen Belehrung über das Rücktrittsrecht. Das Rücktrittsrecht erlischt spätestens 6 Wochen nach Erhalt der Informationen über das Unterbleiben der Wohnbauförderung.

▪ **Ausübung des Rücktrittsrechts**

Die Rücktrittserklärung ist in beiden Fällen schriftlich an den Bauträger oder den Treuhänder zu richten.

Rücktritt nach Konsumentenschutzgesetz (KSchG)

Auch das KSchG ermöglicht es dem Verbraucher unter bestimmten Voraussetzungen, vom Vertrag zurückzutreten.

▪ **Rücktrittsrecht bei Nichteintritt „maßgeblicher Umstände":**

Treten für den Kaufentschluss wichtige Umstände, die im Zuge von Vertragsverhandlungen vom Unternehmer in Aussicht gestellt wurden, nicht oder in erheblichem Ausmaß nicht ein, kann der Verbraucher vom Vertrag zurücktreten.

Frist: 1 Woche ab Kenntnis des Nichteintritts der in Aussicht gestellten Umstände und Aushändigung der schriftlichen Rücktrittsbelehrung. Auch bei mangelhafter Belehrung erlischt das Rücktrittsrecht spätestens 1 Monat nach vollständiger Vertragserfüllung (§ 3a KSCHG).

- **Rücktrittsrecht bei „Haustürgeschäften":**

Gibt der Verbraucher gegenüber einem Unternehmer außerhalb der Geschäftsräumlichkeiten des Unternehmers seine Vertragserklärung ab, und hat der Verbraucher die geschäftliche Verbindung nicht selbst angebahnt, besteht ebenfalls ein Rücktrittrecht.

Frist: Bis zum Zustandekommen des Vertrages fristlos, danach muss der Rücktritt innerhalb einer Woche erklärt werden. Ohne schriftliche Rücktrittsbelehrung erlischt dieses Recht wiederum spätestens 1 Monat nach vollständiger Vertragserfüllung (§ 3 KSchG).

- **Rücktritt von Immobiliengeschäften:**

Gibt ein Verbraucher eine Vertragserklärung zum Erwerb einer Wohnung (zum Beispiel Wohnungskauf, etc.) am selben Tag, an dem er dieses Objekt zum ersten Mal besichtigt hat, kann ein Rücktrittsrecht bestehen. Voraussetzung ist, dass der Erwerb der Deckung des dringenden Wohnbedürfnisses des Konsumenten, oder eines nahen Angehörigen dienen soll.

Frist: 1 Woche ab Abgabe der Vertragserklärung. Die Frist beginnt mit Erhalt der Zweitschrift der Vertragserklärung und der schriftlichen Belehrung über das Rücktrittsrecht. Das Rücktrittsrecht erlischt jedenfalls spätestens 1 Monat nach dem Tag der erstmaligen Besichtigung (§ 30a KSchG).

Rücktrittsrechte des Bauträgers (§ 6 BTVG)

Dem Bauträger stehen anders als dem Erwerber von Gesetzes wegen keine Rücktrittsrechte zu. Es kann aber im Vertrag ein Rücktrittsrecht für den Bauträger vereinbart werden. Das erlaubt § 6 BTVG aber nur aus folgenden Gründen:

- **Mangelndes Interesse**

  Das Bauvorhaben erweist sich als wirtschaftlich unrentabel, weil es zu wenige Interessenten gibt.

  Frist: 6 Monate nach Abschluss des Vertrages mit dem Erwerber.

- **Verletzung vertraglicher Nebenpflichten des Erwerbers**

  Wenn der Erwerber seinen vertraglichen Nebenpflichten, an deren Einhaltung der Bauträger ein besonderes Interesse hat, nicht innerhalb der vereinbarten oder angemessenen Frist nachkommt, kann der Bauträger ebenfalls den Vertragsrücktritt erklären.

  Voraussetzung für die Ausübung dieses Rücktrittsrechtes ist, dass der Bauträger den Erwerber schriftlich unter Setzung einer einmonatigen Nachfrist auffordert, die unterbliebene Handlung nachzuholen.

Sicherungsmodelle zum Schutz des Erwerbers

Um den Erwerber vor dem Verlust seiner Zahlungen an den Bauträger zu schützen, sieht das BTVG verschiedene Sicherungsmodelle vor, von denen eines jedenfalls zwingend vertraglich vorgesehen werden muss.

Sicherungsarten können kombiniert oder einvernehmlich ausgetauscht werden, wenn damit der Zweck der Sicherung – nämlich die Absicherung der Zahlungen des Käufers, nicht verhindert wird.

Das Vorliegen einer dem BTVG entsprechenden Sicherung ist auch Grundvoraussetzung für die Fälligkeit von Ansprüchen des Bauträgers gegenüber dem Erwerber.

Werden trotzdem Zahlungen gefordert, begeht der Bauträger damit eine Verwaltungsübertretung. Werden die Zahlungen auch geleistet, können diese vom Erwerber mit beträchtlichen Zinsen zurückgefordert werden.

Nach Fertigstellung und tatsächlicher Übergabe des eigentlichen Vertragsgegenstandes und Erlangung der vereinbarten Rechtsstellung des Erwerbers, endet die Sicherungspflicht. Im Fall des Kaufes einer Eigentumswohnung vom Bauträger wäre das die Fertigstellung der Wohnung und der gewöhnlich nutzbaren Teile der Anlage, und die Einverleibung des Eigentumsrechtes mit der untrennbaren Verbindung am Wohnungseigentumsobjekt (das ist im rechtlichen Sinne die Wohnung) zugunsten des Käufers.

Vom Schutz nicht umfasst sind allerdings Zahlungen für Steuern und sonstige Abgaben (es gibt teilweise aber Erstattungsmöglichkeiten für den Fall des Scheiterns des Vertrages), oder zum Beispiel die Vertragserrichtungskosten.

Die Sicherungsmodelle nach BTVG

Die schuldrechtliche Sicherung

Gemäß § 8 BTVG können allfällige Rückforderungsansprüche des Erwerbers durch eine Garantie oder eine geeignete Versicherung abgesichert werden.

Die Sicherungspflicht umfasst auch bis zu drei Jahre rückständige Zinsen, wobei eine Einschränkung der Sicherung auf noch nicht erbrachte Bauleistungen ohne entsprechende sonstige Sicherung unwirksam ist.

Die Garantie oder Versicherung kann auch durch eine der Höhe nach begrenzte Fertigstellungsgarantie ersetzt werden, wenn sie die Rückforderungsansprüche einschließt.

Garanten müssen inländische Gebietskörperschaften sein oder Kreditinstitute oder Versicherungsunternehmen sein, die zur Geschäftsausübung im Inland berechtigt sind.

Leistungen aus einer Garantie oder Versicherung können nur von der Entrichtung der Zahlungen des Erwerbers auf das in dieser Sicherheit genannte Konto abhängig gemacht werden. Nimmt der Erwerber eine solche Sicherheit in Anspruch, gilt dies als Auflösung des Vertrages.

Die grundbücherliche Sicherung

Soll Eigentum, Wohnungseigentum oder ein Baurecht erworben werden, kommt nur die grundbücherliche Sicherung in Verbindung mit der Zahlung nach Ratenplan in Frage.

Die Fälligkeit der Zahlungen an den Bauträger orientiert sich am Baufortschritt, der von einem Sachverständigen festgestellt wird. Damit soll der Erwerber im Falle einer Insolvenz des Bauträgers in die Lage versetzt werden, entweder mit dem verbleibenden Geld fertigzubauen, oder das halbfertige Gebäude zu verkaufen, und so die geleisteten Zahlungen zurückzubekommen. In der Praxis ist aber meist weder das eine, noch das andere ohne Verluste für den Erwerber zu erreichen.

Für die grundbücherliche Sicherung muss zwingend ein Treuhänder bestellt werden, der den Rechtserwerb grundbücherlich sicherstellt, und die Einhaltung des Zahlungsplanes überwacht. Beim Erwerb einer Eigentumswohnung besteht die grundbücherliche Sicherstellung meistens in der Anmerkung der Einräumung von Wohnungseigentum gemäß § 40 Abs. 2 WEG 2002 (Wohnungseigentumsgesetz).

Im Fall der grundbücherlichen Sicherung müssen die Parteien im Bauträgervertrag die Zahlung nach Ratenplan A oder nach Ratenplan B (§ 10 Abs. 2 Z 1 und 2) vereinbaren.

Dient der Erwerb der Deckung des dringenden Wohnbedürfnisses des Erwerbers oder eines nahen Angehörigen, hat der Bauträger zusätzlich eine Garantie beizubringen, die alle vermögenswerten Nachteile aufgrund einer Verzögerung oder Einstellung des Bauvorhabens deckt.

Übersicht Ratenplan A

a. 15 % bei Baubeginn auf Grund einer rechtskräftigen Baubewilligung;

b. 35 % nach Fertigstellung des Rohbaus und des Dachs;

c. 20 % nach Fertigstellung der Rohinstallationen;

d. 12 % nach Fertigstellung der Fassade und der Fenster einschließlich deren Verglasung;

e. 12 % nach Bezugsfertigstellung oder bei vereinbarter vorzeitiger Übergabe des eigentlichen Vertragsgegenstandes;

f. 4 % nach Fertigstellung der Gesamtanlage (§ 4 Abs. 1 Z 1) und

g. der Rest nach Ablauf von drei Jahren ab der Übergabe des eigentlichen Vertragsgegenstandes, sofern der Bauträger allfällige Gewährungsleistungs- und Schadenersatzansprüche nicht durch eine Garantie oder Versicherung gesichert hat.

Übersicht Ratenplan B

a. 10 % bei Baubeginn auf Grund einer rechtskräftigen Baubewilligung;

b. 30 % nach Fertigstellung des Rohbaus und des Dachs;

c. 20 % nach Fertigstellung der Rohinstallationen;

d. 12 % nach Fertigstellung der Fassade und der Fenster einschließlich deren Verglasung;

e. 17 % nach Bezugsfertigstellung oder bei vereinbarter vorzeitiger Übergabe des eigentlichen Vertragsgegenstandes;

f. 9 % nach Fertigstellung der Gesamtanlage (§ 4 Abs. 1 Z 1) und

g. der Rest nach Ablauf von drei Jahren ab der Übergabe des eigentlichen Vertragsgegenstandes, sofern der Bauträger allfällige Gewährungsleistungs- und Schadenersatzansprüche nicht durch eine Garantie oder Versicherung gesichert hat.

In allen Fällen muss aber sichergestellt sein, dass der Erwerber die Liegenschaft frei von Geldlasten des Bauträgers erwirbt (außer es ist gegenteiliges vereinbart).

Dazu muss der Bauträger mit Hypothekargläubigern (also im Normalfall der das Projekt finanzierenden Bank) zugunsten des Erwerbers vereinfacht dargestellt vereinbaren, dass die Hypothek hinsichtlich der Liegenschaft oder dem Anteil des Erwerbers gelöscht wird, wenn dieser seine Zahlungen ordnungsgemäß geleistet hat.

Die pfandrechtliche Sicherung

In der Praxis weniger häufig kommt die pfandrechtliche Sicherung nach § 11 BTVG vor.

Rückforderungsansprüche des Erwerbers können dabei durch ein Pfandrecht auf einer Liegenschaft gesichert werden, sofern dieses ausreichende Deckung bietet. Die Sicherungspflicht erstreckt sich auch auf nicht länger als drei Jahre rückständige Zinsen.

Weitere Sicherungsmöglichkeiten

Von einer ausreichenden Sicherung geht das Gesetz auch aus, wenn

- eine inländische Gebietskörperschaft Bauträger ist, oder
- eine inländische Gebietskörperschaft eine Förderung aus öffentlichen Mitteln gewährt,
- der Vertrag den Erwerb eines Bestand- oder sonstigen Nutzungsrechtes vorsieht („gemeinnütziger Mietwohnungsbau") und

folgende weitere Voraussetzungen gegeben sind:

- Abschluss des Bauträgervertrages erst nach Vorliegen einer rechtskräftigen Baubewilligung und schriftlicher Förderungszusicherung.

- Sicherung der Finanzierung der gesamten Herstellungskosten des Bauvorhabens und Verbücherung keiner weiteren geldwerten Lasten.
- Gesicherte Abdeckung allfälliger Rückforderungsansprüche des Erwerbers aufgrund der sich aus der geprüften Bilanz ergebenden Eigenkapitalausstattung des Bauträgers.

Der Treuhänder

Gemäß § 12 BTVG ist der Bauträger verpflichtet, spätestens bei der Unterfertigung des Bauträgervertrages einen Treuhänder zu bestellen, dessen Tätigkeit erst mit dem Ende der Sicherungspflicht des Bauträgers dem jeweiligen Erwerber gegenüber endet.

Auf die Bestellung des Treuhänders kann nur im Fall der schuldrechtlichen Sicherung verzichtet werden.

Der Treuhänder, es darf sich dabei nur um einen Notar, eine Rechtsanwaltsgesellschaft oder einen Rechtsanwalt handeln, hat insbesondere die Pflichten,

- den Erwerber über den Vertrag und die wesentlichen Vertragspunkte in rechtlicher Hinsicht zu belehren, insbesondere über die Sicherung der Zahlungen und die Rechtsfolgen im Insolvenzfall, und über den Haftrücklass (§ 4 Abs. 4) und seine Rechtsfolgen, und

- die Erfüllung der Sicherungspflicht des Bauträgers nach diesem Bundesgesetz zu überwachen und

- dem Erwerber über die von ihm entgegenge-
nommenen Zahlungen entweder laufend, mindestens aber jährlich nach Abschluss des Kalen-
derjahres spätestens zum 31. Jänner des Folge-
jahres Rechnung zu legen, und

- dafür zu sorgen, dass der Erwerber Zahlungen
nur auf Konten entrichtet, über die der Treuhänder verfügungsberechtigt ist, und die durch die
Abwicklung nach den Vorschriften der Notari-
atsordnung bzw. in einer Treuhandeinrichtung
bzw. der jeweiligen Rechtsanwaltskammer abgesichert sind.

Bei der grundbücherlichen Sicherstellung hat der Treuhänder die vertraglichen und grundbuchsrechtlichen
Voraussetzungen, insbesondere das Vorhandensein von
Freistellungsverpflichtungen der Hypothekargläubiger,
zu prüfen, und den Erwerber bei der Einhaltung des Ra-
tenplans durch Überwachung des Baufortschritts zu un-
terstützen.

Bei der pfandrechtlichen Sicherung hat der Treuhänder
die vertraglichen, die grundbuchsrechtlichen und die
wertmäßigen Voraussetzungen für die Deckung allfälliger Rückforderungsansprüche zu prüfen.

Der Baufortschrittsprüfer

Der Abschluss eines Bauabschnitts richtet sich nach dem
Fertigstellungsgrad der Hauptanlage. Bei mehreren selb-
ständigen Bauwerken ist der Fertigstellungsgrad desjeni-

gen Bauwerks maßgeblich, auf das sich der Anspruch des Erwerbers bezieht.

Werden also zum Beispiel vier Häuser mit je fünf Wohnungen gebaut, und befindet sich die gekaufte Wohnung in Haus A, ist der Baufortschritt von Haus A für die Fälligkeit der Raten der Wohnung maßgeblich. Wie weit die anderen Häuser sind, ist nicht relevant.

Zur Feststellung des Abschlusses des jeweiligen Bauabschnitts kann der Treuhänder einen für den Hochbau zuständigen Ziviltechniker, einen allgemein beeideten und gerichtlich zertifizierten Sachverständigen für das Bauwesen, oder eine im Rahmen der Förderung des Vorhabens tätige inländische Gebietskörperschaft beiziehen.

Ziviltechniker und Sachverständige, die sich als Baufortschrittsprüfer betätigen, haben zur Deckung allfälliger Schadenersatzansprüche eine Haftpflichtversicherung über mindestens von EUR 400.000,00 für jeden Versicherungsfall bei einer zum Geschäftsbetrieb in Österreich berechtigten Versicherung abzuschließen.

Rückforderungsansprüche nach BTVG

Hat der Erwerber vorzeitig an den Bauträger bezahlt, kann er diese Zahlungen zurückfordern. Vorzeitig im Sinne dieser Bestimmung sind Zahlungen, die vor Eintritt der maßgeblichen Bedingungen, also in der Regel vor Erreichen eines bestimmten Baufortschrittes, an den Bauträger geleistet werden.

Es geht dabei wohl gemerkt nicht um Zahlungen des Erwerbers auf das Treuhandkonto, sondern um Zahlungen vom Treuhandkonto an den Bauträger, oder direkt an den Bauträger.

Der Rückzahlungsanspruch ist nach BTVG mit 8 % über dem Basiszinssatz zu verzinsen, beginnend ab dem Tag der vorzeitigen Zahlung. Der Anspruch verjährt nach drei Jahren.

Die meisten Bestimmungen des BTVG sind jedenfalls gegenüber Konsumenten zwingend, für Verstöße des Bauträgers sind mitunter empfindliche Strafen vorgesehen.

6. Wichtige Unterlagen sehen und verstehen

D ass man sich den Kaufvertrag durchliest, bevor man ihn unterschreibt, sollte eigentlich selbstverständlich sein.

Die Erfahrung zeigt aber, dass Kaufverträge oft sehr kompliziert sind. Auch wenn sich der Notar oder Rechtsanwalt ernsthaft bemüht, diesen einfach zu gestalten, bleibt der Kauf einer Immobilie doch ein rechtlich mitunter komplexer Vorgang. So bleiben auch die meisten Verträge komplex und schwer lesbar.

Den Kaufvertrag durchlesen heißt, ihn auch inhaltlich zu verstehen. Oft wimmelt es in solchen Verträgen aber vor Fachausdrücken, Juristendeutsch und verworrenen Schachtelsätzen.

Der Glossar am Ende des Buches sollte dazu beitragen, wenigstens die häufigsten Fachausdrücke zu verstehen.

> **Tipp:** Fragen Sie den Rechtsanwalt oder Notar, wenn Sie etwas nicht verstehen oder sich nicht sicher sind.

Neben dem eigentlichen Kaufvertrag gibt es aber weitere Urkunden, die beim Kauf einer Immobilie, sei es eine Wohnung oder ein Einfamilienhaus, geprüft werden sollten:

- Grundbuchsauszug
- Wohnungseigentumsvertrag
- Parifizierungs-/Nutzwertgutachten

- Aktuelle Betriebskostenvorschreibungen
- Auskunft über bevorstehende Instandhaltungsarbeiten
- Aktueller Stand der Reparaturrücklage
- Protokolle der letzten Eigentümerversammlungen
- Baubescheid

Einige dieser Unterlagen sind natürlich nur bei gebrauchten Immobilien zu bekommen, nicht bei Neubauten vom Bauträger.

Der Grundbuchsauszug

Beim Grundbuch handelt es sich um ein öffentliches Verzeichnis, in das Grundstücke und die an ihnen bestehenden Rechte eingetragen werden. Das Grundbuch wird von dem Bezirksgericht geführt, in dessen Sprengel sich das Grundstück befindet.

Neben Rechten finden sich im Grundbuch auch Anmerkungen über rechtlich relevante Tatsachen (z. B. Anmerkung der Rangordnung bei beabsichtigtem Verkauf oder beabsichtigter Verpfändung, Konkurs, bestehende Sachwalterschaft, Minderjährigkeit, laufendes Versteigerungsverfahren, etc.) und Ersichtlichmachungen (Berechtigungen aus Grunddienstbarkeiten, öffentlich-rechtliche Verpflichtungen etc.).

Das Grundbuch ist öffentlich und daher für jedermann einsehbar.

Der Grundbuchsauszug besteht im Wesentlichen aus drei Kategorien, nämlich dem sogenannten A-Blatt, dem B-Blatt, und dem C-Blatt.

Im **A-Blatt** (Gutsbestandsblatt) sind alle Grundstücke, deren Nutzungsarten (z.b. Gärten, Bauflächen, etc.), Flächen und Adressen verzeichnet.

In A2 sind unter anderem Rechte an anderen Grundstücken ersichtlich (z. B. Geh- und Fahrrechte, Ver- und Entsorgungsleitungen, etc.).

Im **B-Blatt** (Eigentumsblatt) sind die Eigentumsanteile und die Grundlage für den Eigentumserwerb (Titelurkunde, z. B. Kaufvertrag) ersichtlich.

Man kann also mit einem Blick ins B-Blatt herausfinden, wer Eigentümer einer Liegenschaft ist, und wie er Eigentümer geworden ist. Beim Kauf einer gebrauchten Eigentumswohnung könnte man beispielsweise mithilfe dieser Informationen den Kaufvertrag besorgen, mit dem der Verkäufer die Wohnung gekauft hat. Das kann zum Beispiel bei Preisverhandlungen sehr hilfreich sein.

Im **C-Blatt** (Lastenblatt) sind unter Anderem Belastungs- und Veräußerungsverbote, Dienstbarkeiten, etc., vermerkt.

Belastungen können sich auf die gesamte Liegenschaft oder auf bestimmte Eigentumsanteile beziehen. Bezieht sich beispielsweise ein Pfandrecht nur auf den Anteil eines bestimmten Miteigentümers, ist das aus dem Vermerk „*auf Anteil B-LNR...*" ersichtlich.

Alle Rechte, die im Grundbuch eingetragen sind, gelten grundsätzlich auch gegenüber dem künftigen Erwerber der Liegenschaft, also des Hauses, der Wohnung oder des Grundstückes.

In der Praxis kommt es immer wieder vor, dass Verkaufsgespräche nicht vom Eigentümer der Liegenschaft geführt werden, sondern zum Beispiel von dessen Kindern. In einem solchen Fall sollte man sich gleich erkundigen, ob der Eigentümer laut Grundbuch auch mit dem Verkauf einverstanden ist.

Oft ist das nämlich gar nicht der Fall. Will der Eigentümer, der im Grundbuch steht, die Immobilie aber nicht verkaufen, kann man sich den Aufwand, der mit der Prüfung des Objektes verbunden ist, gleich sparen.

Dasselbe gilt, wenn im C-Blatt einer Eigentumswohnung beispielsweise ein Wohnrecht, ein Belastungs- und Veräußerungsverbot oder ein Vorkaufsrecht eingetragen ist. Auch hier braucht man unbedingt die Zustimmung der berechtigten Person zur Löschung des Rechtes. Es sei denn, man akzeptiert, dass die Wohnung (meist unentgeltlich) von der berechtigten Person weiterhin bewohnt wird. Das sollte sich dann aber im Preis niederschlagen.

Der Wohnungseigentumsvertrag

Wohnungseigentum bedeutet vereinfacht gesagt nichts anderes, als dass mit einem Anteil des Grundstückes untrennbar das Recht verbunden ist, eine genau bezeichnete Wohnung exklusiv zu nutzen.

> **Tipp:** Achten Sie darauf, dass im Wohnungseigentumsvertrag das Zubehör genau bezeichnet ist, oder dass das Zubehör im Grundbuch eingetragen ist. Ist das Zubehör nämlich weder im Grundbuch eingetragen, noch im Wohnungseigentumsvertrag genau bezeichnet (zum Beispiel „Kellerabteil Nr. 11 als Zubehör" ist genau, „ein Kellerabteil als Zubehör" ist ungenau), dann gilt das Zubehör grundsätzlich als allgemeiner Teil der Liegenschaft und könnte von jedem Miteigentümer verwendet werden.

Das ist bei einem Kellerabteil vielleicht nicht so relevant, wie bei einem Gartenanteil. Ist der Eigengarten nämlich nicht im Grundbuch eingetragen, und auch nicht im Wohnungseigentumsvertrag genau einer bestimmten Wohnung zugeordnet, könnte der „Eigengarten" von jedem anderen Miteigentümer verwendet werden. Das mindert den Wert einer Wohnung natürlich erheblich. Außerdem haben Sie sicher keine Freude, wenn Ihr Nachbar seine Sonnenliege in Ihren Garten stellt und von Juni bis September bleibt.

Die **Betriebskostenvorschreibungen** bzw. die Jahresabrechnung können bei der Hausverwaltung beschafft werden. Wenn möglich, sollte man sich die aktuellsten Vorschreibungen, und die der vergangenen ein bis zwei Jahre ansehen, um auch die Entwicklung der Betriebskosten nachvollziehen zu können.

Bei der Hausverwaltung kann man auch erfahren, welche Instandhaltungs- und Reparaturarbeiten bevorstehen. Die aktuelle Höhe der Reparaturrücklage sollten sie ebenfalls bei der Hausverwaltung erfragen. Diese ist wichtig, um künftigen Investitionsbedarf abschätzen zu können.

Dabei ist zu beachten, dass man als Wohnungseigentümer eben auch Kosten, die mit den allgemeinen Teilen der Anlage verbunden sind, wie zum Beispiel die Sanierung des Daches oder die Sanierung der allgemeinen Elektroinstallationen, den Einbau eines Liftes, etc. mitfinanzieren muss.

Die **Protokolle** der letzten Eigentümerversammlungen kann man ebenfalls bei der Hausverwaltung beschaffen.

Sie geben einen wichtigen Einblick über die aktuellen Probleme der Wohnanlage, aber auch über das Klima zwischen den einzelnen Miteigentümern.

Der **Baubescheid**, aufgrund dessen das Haus gebaut wurde, ist besonders wichtig beim Kauf eines Einfamilienhauses.

> **Tipp:** Prüfen Sie beim Kauf eines Einfamilienhauses, ob es dem Baubescheid entspricht!

> Besonders bei Einfamilienhäusern ist der Baubescheid wichtig. Es muss unbedingt darauf geachtet werden, dass der Baubescheid mit dem tatsächlichen Stand übereinstimmt.

Beispiel

Ein junger Familienvater kauft für sich und seine Familie ein Einfamilienhaus. Das Haus ist ca. 20 Jahre alt und besteht aus einem Erdgeschoss, einem ersten Obergeschoss und einem ausgebauten Dachgeschoss. Rund um das Einfamilienhaus stehen weitere Einfamilienhäuser. Auf einem Nachbargrundstück ist geplant, ein neues Objekt zu errichten.

Im Zuge der Einreichung für das neue Projekt überprüft die Baubehörde selbständig die Einhaltung der Abstandsbestimmungen zu den Nachbargrundstücken. Dabei fällt auf, dass das Haus des Familienvaters rund 1 m zu hoch ist. Der Familienvater fragt bei der Baubehörde nach und dort wird festgestellt, dass in den bewilligten Bauplänen tatsächlich der Dachboden nicht ausgebaut ist und 1 m niedriger eingezeichnet ist, als er tatsächlich ist.

In weiterer Folge erlässt die Behörde einen Abbruchbescheid hinsichtlich des nicht genehmigten Teiles des Einfamilienhauses. Zwar kann nachträglich um Bewilligung der Änderung angesucht werden, wenn diese aber nicht genehmigungsfähig sind, bleibt es beim Abbruchbescheid.

Gerade bei einem Einfamilienhaus ist es daher besonders wichtig, den Baubescheid zu überprüfen und im Zweifel

beim Eigentümer oder bei der Baubehörde direkt nach-
zufragen.

Nachträgliche Umbauarbeiten, die von der Behörde vorgeschrieben werden, führen zu ganz erheblichen Kosten.
Oft können diese Kosten auch nicht vom Verkäufer zu-
rückverlangt werden.

Hinweis: Ein guter Immobilienmakler sollte Ihnen all die
Unterlagen, die oben erwähnt wurden beschaffen können.

Wenn der Immobilienmakler die Unterlagen nicht selbst
bringt, fragen Sie danach und bestehen Sie auf deren
Vorlage.

Ein gewissenhafter Immobilienmakler besorgt diese
Unterlagen, ein anderer ist sein Honorar nicht wert!

7. Gewährleistung beim Immobilienkauf

Kauft man eine Immobilie von einer Privatperson, kann die Gewährleistung vertraglich ausgeschlossen werden. Das muss aber auch in diesem Fall extra vereinbart werden. Der häufig zu lesende Satz „Keine Gewährleistung, da Privatverkauf", suggeriert hingegen, bei Privatverkäufen gäbe es grundsätzlich keine Gewährleistung – ein populärer Rechtsirrtum.

Wenn Sie aber nicht von einer Privatperson, sondern z. B. von einem Bauträger kaufen, ist der Ausschluss der Gewährleistung nicht zulässig, außer Sie sind selbst auch Unternehmer und kaufen die Immobilie für Ihr Unternehmen.

Was ist Gewährleistung?

Gewährleistung bedeutet, dass der Verkäufer für Mängel am Kaufobjekt (Wohnung, Haus, Grundstück, etc.) haftet, wenn sie schon bei der Übergabe vorhanden waren.

Ob ihm ein Verschulden vorwerfbar ist, spielt dabei keine Rolle. Tritt der Mangel innerhalb von sechs Monaten nach Übergabe ans Tageslicht, wird von Gesetzes wegen vermutet, dass die Sache schon bei der Übergabe mangelhaft war.

Nach drei Jahren (ab Übergabe) endet die Gewährleistungsfrist bei unbeweglichen Sachen. Bei beweglichen Sachen endet die Frist schon nach zwei Jahren ab Übergabe.

Beweglich sind grundsätzlich alle Sachen, die von einem Ort zum andern transportiert werden können, ohne dabei zwangsläufig beschädigt zu werden.

Aber auch bewegliche Sachen, wie z. B. Steinplatten, können durch Einbau, z. B. als Terrassenboden, zu unbeweglichen Sachen werden. Dann gilt die längere, dreijährige Gewährleistungsfrist.

Beschreibung des Vertragsgegenstandes als Maßstab der Gewährleistung

Ob eine Sache mangelhaft ist, wird unter anderem danach beurteilt, was im Vertrag vereinbart ist. Ist eine Wohnung zum Beispiel als „sanierungsbedürftig" beschrieben, wird man auch gröbere Mängel hinnehmen müssen. Je nach Baujahr wird man bei einer derartigen Objektbeschreibung auch nicht davon ausgehen können, dass zum Beispiel die Elektroinstallationen den heutigen Sicherheitsstandards entsprechen.

Wird der Zustand der Wohnung im Vertrag oder im Inserat als „neuwertig" beschrieben, sind auch kleine Kratzer im Boden oder Striche an der Wand Mängel.

Auch der Preis spielt bei der Frage, welche Mängel man bei Übergabe der Wohnung akzeptieren muss, eine wesentliche Rolle.

Grundsätzlich gilt, je höher der Preis, desto höher sind die Anforderungen an die Qualität der übergebenen Wohnung und desto besser sind auch die Chancen für die Durchsetzung von Gewährleistungsansprüchen.

Die Gewährleistungsansprüche im Einzelnen

Das Gesetz kennt sogenannte „primäre", nämlich Reparatur und Austausch, und „sekundäre" Gewährleistungsbehelfe, nämlich Preisminderung und Wandlung.

Primär heißt in diesem Zusammenhang nichts anderes, als dass grundsätzlich zuerst dem Verkäufer die Chance gegeben werden muss, den Schaden selbst zu beheben. Austausch kommt im Immobilienkauf in der Praxis nicht vor. Erst danach, also sekundär, kann die Minderung des Kaufpreises, oder die Rückabwicklung (Wandlung) verlangt werden. Wandlung hat die Rückgabe der Wohnung gegen Rückerstattung des Kaufpreises zur Folge.

Beispiel

Eine Ärztin kauft für ihre Tochter, die ebenfalls Medizin studiert, eine gebrauchte Zweizimmerwohnung in der Nähe der Universität von einem Bekannten. Die Wohnung hat 45 m² und kostet EUR 150.000,00.

2 Wochen nachdem die Tochter eingezogen ist, lösen sich im Bad einige Fliesen. Der herbeigerufene Handwerker stellt fest, dass die Isolierung durch ein altes Bohrloch beschädigt wurde, und die Fliesenwand erneuert werden muss.

Dafür übergibt er der Studentin einen Kostenvoranschlag über EUR 1.500,00. Aufgrund der gesetzlichen Bestimmungen über die Gewährleistung muss der Verkäufer die schadhafte Wand entweder selbst reparieren (oder die Kosten der Reparatur zahlen), oder den Kaufpreis nachträglich um EUR 1.500,00 auf EUR 148.500,00 reduzieren.

Gewährleistungsausschluss

Verständlicherweise haben private Verkäufer kein Interesse daran, sich um Mängel an der gebrauchten verkauften Wohnung zu kümmern, geschweige denn die Kosten für in der Zukunft anstehende Reparaturen zu bezahlen.

Daher ist es üblich, in Kaufverträgen über gebrauchte Wohnungen und Häuser zwischen Privatpersonen, die Gewährleistung für Sachmängel auszuschließen. Ein Gewährleistungsausschluss ist aber oft nicht sehr leicht zu erkennen.

Klauseln wie:

„Der Käufer hat die Wohnung besichtigt und kauft sie wie sie liegt und steht ... "

„Der Verkäufer leistet keine Gewähr für eine bestimmte Beschaffenheit, Ausmaß oder Eigenschaften des Kaufgegenstandes. "

gelten in der Praxis grundsätzlich als Hinweis auf einen Gewährleistungsausschluss.

Hier gehen die Rechtsmeinungen der Juristen aber weit auseinander. Es lohnt sich also, den Vertragserrichter genau zu befragen, ob ein Gewährleistungsausschluss vereinbart wurde, und man sollte auf eine entsprechend eindeutige Formulierung achten.

Der Gewährleistungsausschluss ist beim Kauf einer gebrauchten Wohnung von einer Privatperson absolut üblich.

In der Praxis ist es daher besonders wichtig, die Wohnung genau zu besichtigen, im Idealfall sogar von einem Sachverständigen besichtigen zu lassen.

> **Tipp:** Wenn man bei der Besichtigung schon Mängel bemerkt, sollte man sich vom Verkäufer die Reparatur dieser Mängel im Kaufvertrag zusichern lassen, oder einen Abschlag beim Kaufpreis verhandeln.

Beim Kauf einer Immobilie zwischen Konsumenten mag der Ausschluss der Gewährleistung zulässig sein. Beim Kauf vom Unternehmer können diese Rechte aber zum Nachteil eines Konsumenten nicht eingeschränkt oder ausgeschlossen werden.

Trotzdem ist gerade in Bauträgerverträgen auffällig, dass oft versucht wird, die Gewährleistungsrechte zum Nachteil von Konsumenten einzuschränken. Solche Klauseln sind nicht zulässig, und Sie sollten den Vertragserrichter jedenfalls darauf ansprechen, um nicht im Streitfall Beweisschwierigkeiten zu haben.

Rechtsmängel

Gewährleistung betrifft aber auch die rechtlichen Eigenschaften der Immobilie.

Fast alle rechtlich relevanten Informationen findet man im Grundbuch. Dort ist ersichtlich, wer der Eigentümer der Immobilie ist, und welche Rechte und Lasten damit verbunden sind.

Wichtige Rechte, die mit einem Grundstück zum Beispiel verbunden sein können, sind Geh- und Fahrrechte über Nachbargrundstücke, die für eine Baubewilligung notwendig sein können. Häufige Lasten sind Pfandrechte von Banken oder Leitungsrechte zu Gunsten eines Energieversorgers.

Es muss vor Abschluss des Kaufvertrages unbedingt geklärt werden, was mit den Pfandrechten passiert.

Hier gibt es im Wesentlichen zwei Möglichkeiten: einerseits könnte der Käufer das Pfandrecht (unter Anrechnung auf den Kaufpreis) übernehmen (dann haftet er für den ausstehenden Betrag), oder der Verkäufer verpflichtet sich, das Pfandrecht bis zur Übergabe des Kaufgegenstandes zu löschen (das ist der Standardfall).

Nicht im Grundbuch ersichtlich ist zum Beispiel, wenn eine Eigentumswohnung vermietet ist. Dann sollte man im Kaufvertrag regeln, dass sich der Verkäufer verpflichtet, die Wohnung ohne den Mietvertrag zu übergeben.

Sollte sich aus irgendeinem Grund der Mieter nicht aus der Wohnung entfernen, muss der Verkäufer die dadurch entstehenden Mehrkosten zahlen. Darauf sollte vor Unterschrift des Kaufvertrages unbedingt geachtet werden.

Zu beachten ist schließlich, dass die Frist bei Rechtsmängeln nicht ab Übergabe zu laufen beginnt, sondern erst ab deren Erkennbarkeit. Das ist eine große Erleichterung und liegt daran, dass Rechtsmängel in der Regel ja auch nicht sichtbar sind.

Extrakapitel:

7 Fehler, die Sie bei Ihrem Kredit vermeiden sollten.

Vom Kreditexperten Christoph Kirchmair, Infina Credit Broker GmbH

INFINA Credit Broker GmbH
6020 Innsbruck, Brixner Straße 2/4
1010 Wien, Gonzagagasse 2/4
Tel.: +43 (0) 512 584 380
office@infina.at www.infina.at

1.   Die Kreditverhandlungen beschränken sich auf die Hausbank.

Viele Kreditinteressenten wie Wohnungskäufer und Häuslbauer stehen zumeist mit wenig Erfahrung vor dem Unterfangen Wohn(bau)kredit.

Auf der Suche nach dem besten Kredit ist für viele der Weg zur Hausbank naheliegend und logisch. So haben wir es gelernt und schließlich ist davon auszugehen, dass man als langjähriger, treuer Kunde durchaus in den Genuss diverser Vorteile kommen müsste. Doch zählen Stammkundenbeziehungen oft nur, solange sie mit der aktuellen Geschäftspolitik vereinbar sind.

Wie finden Sie nun aber heraus, wie gut das Angebot Ihrer Hausbank ist? Ganz einfach: Sie schaffen sich selbst einen Vergleich oder beauftragen einen Kreditexperten.

Geknüpft an die Schnelllebigkeit des Kreditmarktes ändern sich laufend Bedingungen und Konditionen verschiedenster Kreditprodukte.

Als Kunde kann man sich nie sicher sein, ob man das Optimum herausverhandelt hat, und wo unter welchen Voraussetzungen noch Spielräume ausnutzbar gewesen wären.

Hier kommt der notwendige Vergleich ins Spiel, der zugegeben den Anschein erweckt, einfach durchzuführen zu sein. Weit gefehlt – auch wenn es heute schon bedeutend einfacher ist als vor 2010, da erst zu diesem Zeitpunkt für alle Banken einheitliche Richtlinien und Formvorschriften für die Angebotslegung von Verbraucherkrediten eingeführt wurden.

Was genau wird nun üblicherweise verglichen?

Diese Frage lässt sich leider nicht pauschal beantworten, da sich die Antwort unmittelbar an Ihren Kreditbedürfnissen, Ihrer Bonität und einer Vielzahl weiterer Parameter orientiert. Am schnellsten lassen sich freilich Zinssätze, Monatsraten, Gesamtbelastungen. usw. vergleichen – Zahlen wohlgemerkt. Dieser Zugang birgt jedoch die Gefahr, dass man auf der Jagd nach der vermeidlich günstigsten Finanzierung den Blick für das Wesentliche abseits der Konditionen verliert.

Fazit: Als langjähriger Stammkunde einer Bank kommt man durchaus in den Genuss diverser Konditionsvorteile. Trotzdem sollte man sich in einem schnelllebigen Kreditmarkt wie heute nicht in falscher Sicherheit wiegen. Bedingt durch Übernahmen und Umstrukturierungen, ist die Konditionenpolitik zahlreicher Institute ohnehin im Umbruch. Daraus resultieren enorme Konditionsunterschiede, denn nur 0,5 % weniger an Zinsen bedeutet bei einem Kreditbetrag von EUR 150.000,00 und einer Laufzeit von 30 Jahren eine Ersparnis von mehr als EUR 13.000,00. Ein professioneller Kreditvergleich lohnt sich also!

> „Oft schwingen bei der Geschäftsbeziehung zur Hausbank persönliche Verwicklungen mit, die bei einer langfristigen Kreditentscheidung auch hinderlich sein können. Jeder Kunde hat das Recht auf eine günstige Finanzierung." **Vergleichen garantiert Ihren besten Kredit.**

2. Eine zu kurze Kreditlaufzeit wählen

Wer die Laufzeit zu kurz wählt, schränkt seine finanzielle Flexibilität ein. Eine längere Kreditlaufzeit bedeutet insgesamt mehr finanzielle Flexibilität und beinhaltet natürlich die Option, durch vorzeitige Rückzahlungen den Kredit jederzeit schneller zu tilgen.

Unabhängig davon empfiehlt es sich, einen Teil der Ratenersparnis als Sicherheitsreserve anzusparen, um damit auf etwaige Zinserhöhungen reagieren zu können.

3. Keine pönalefreie vorzeitige Tilgung

Bei hypothekarisch besicherten Krediten mit festem Sollzinssatz (Vereinbarung eines Fixzinssatzes) kann eine Bank gemäß Verbraucherkreditgesetz dann eine Pönale von bis zu 1 % verlangen, wenn der Kreditnehmer innerhalb der vereinbarten Fixzinsperiode den Kredit rückführt.

Als Basis für die Pönalzahlung dient dabei immer der vorzeitig rückgeführte Kreditteil. Um die Flexibilität einer längeren Laufzeit auch kostenfrei genießen zu können, empfiehlt es sich, im Kreditvertrag Sonderrechte, z. B. bei Teilrückzahlungen aus Eigenmitteln zu vereinbaren.

Bedenken Sie mögliche Eventualitäten, bevor Sie den Kreditvertrag unterschreiben.

Leichter gesagt als getan - viele Kunden stehen nur einmal im Leben vor der Herausforderung „Wohnkredit" und dabei soll gleich alles optimal laufen und für die nächsten Jahrzehnte vorausgedacht sein?

Bezahlt macht es sich jedenfalls. Nachträgliche Änderungen am Kredit sind zumeist mit zusätzlichen Kosten verbunden. Fragen Sie daher Freunde mit Erfahrung um Rat.

4. Die Wahl des „falschen" Refinanzierungsindikators

Wer einen im historischen Vergleich teuren Refinanzierungsindikator wählt, verliert Geld. Weshalb ist das so?

Änderungen des Sollzinssatzes während der Kreditlaufzeit ergeben sich folgerichtig ausschließlich aufgrund von marktbedingten Schwankungen des Refinanzierungsindikators.

In Österreich kommen derzeit unterschiedlichste Refinanzierungsindikatoren zur Anwendung. Die Auswahl der Refinanzierungsindikatoren bestimmt das jeweilige Kreditinstitut. Es kann also gut sein, dass bestimmte, günstige Refinanzierungsindikatoren von manchen Kreditinstituten gar nicht angeboten werden.

Bei Kreditlaufzeiten von 25 Jahren und mehr können daraus resultierende Unterschiede mehrere Tausend Euro betragen. Umso mehr lohnt es sich, hier zu vergleichen und die richtige Wahl zu treffen.

5. Keine Absicherung gegen Zinsanstiege und Primärrisiken

Kreditnehmer können in der derzeitigen Marktphase relativ hohe Schulden bedienen, da die Zinsen und somit die Rückzahlungsraten sehr niedrig sind.

Die aktuelle Niedrigzinsphase ist jedoch kein Dauerzustand und im Falle eines unerwartet starken Zinsanstiegs befinden sich vor allem Kreditnehmer, die über keine Einkommensreserven verfügen, in einer kritischen Lage. Dagegen kann man sich jedoch frühzeitig über ein Cap-Darlehen mit fixer Zinsobergrenze oder mit Hilfe eines Bandbreitendarlehens (z.B. Bauspardarlehen) schützen.

Auch Zinscaps bieten gegen Zahlung einer Prämie eine Art Absicherung gegen unerwartete Zinsanstiege.

Besonders interessant sind in der aktuellen Niedrigzins-phase vor allem Fixzinskredite. Dabei können fixe Rückzahlungsraten ab 5 bis 25 Jahre vereinbart werden. Unabhängig von der Absicherung gegen mögliche Zins-anstiege empfiehlt sich zusätzlich eine Versicherung gegen Berufsunfähigkeit, Unfall und Ableben bei Ab-schluss eines Kreditvertrages, um eine finanzielle Notla-ge für Sie oder Ihre Familie zu vermeiden.

6.   Verhandlungen mit Kreditinstituten selbst füh-ren

Wer die Sprache der Banken nicht im Detail beherrscht, hat es sehr schwer, die eigenen Interessen durchzusetzen. Zwar ist das Ziel von Verhandlungen oftmals leicht defi-niert: „Günstiger muss es werden." Dennoch bieten Kre-ditverträge eine Vielzahl von Rädchen, an denen behut-sam in der richtigen Reihenfolge gedreht werden kann.

Es gilt somit die Herausforderungen zu meistern, sich mit diplomatischem Feingefühl langsam zur optimal verfügbaren Kreditgestaltung vorzuarbeiten.

Sehr oft ist der beste Weg darin, den in Punkt 1 be-schriebenen Konditionenvergleich anzufertigen bzw. diesen beim Experten in Auftrag zu geben. Anhand des Vergleichs lassen sich klare Unterschiede ausmachen und bewerten, jedoch ist auch dieser Umstand keine effektive Hilfestellung bei Verhandlungen mit Banken, da nicht jede Bank alles bieten kann bzw. will.

Das Geheimnis liegt darin, die genauen Spielregeln zu kennen. Aus diesem Grund geht man auch nicht alleine zu einer Gerichtsverhandlung, sondern zieht üblicher Weise einen Rechtsbeistand hinzu.

Für den Abschluss eines Kreditvertrages ist daher die Begleitung durch einen unabhängigen Kreditexperten (z.b. Kreditmakler jedenfalls von Vorteil, denn dadurch können Sie nur zum Besseren kommen.

7. **Nicht die Kreditexperten der INFINA zu konsultieren.**

Diese Aussage soll keinesfalls überheblich wirken, sondern beruht auf unserer mehr als 20-jährigen Erfahrung in der Kreditberatung.

Glossar: Wichtige juristische Begriffe, einfach erklärt.

Altfall

Dieser Begriff bezieht sich auf die Immobilienertragsteuer, die ab 01.04.2012 eingeführt wurde. Davor konnte man Immobilien nach einer Behaltedauer von 10 Jahren steuerfrei verkaufen.

Ein Altfall liegt dann vor, wenn eine Immobilie, die zum 31.03.2012 schon über 10 Jahre im Eigentum des Veräußerers stand, nach diesem Datum verkauft wird.

In einem solchen Fall kann der Veräußerungsgewinn pauschal ermittelt werden mit 14 % des Veräußerungserlöses. Dieser Betrag ist dann mit 30 % zu versteuern (§ 30 Abs. 2 Z 4 EStG).

Bei einem Altfall liegt daher die Immobilienertragsteuer im Ergebnis bei 4,2 % des Verkaufspreises.

Anschaffungskosten

Zu den Anschaffungskosten zählen alle Aufwendungen, die geleistet werden, um ein Wirtschaftsgut zu erwerben und in einen betriebsbereiten Zustand zu versetzen, soweit sie dem Wirtschaftsgut einzeln zugeordnet werden können. Nicht nur der Kaufpreis selbst, sondern auch die mit dem Erwerbsvorgang im Zusammenhang stehenden Anschaffungsnebenkosten, zum Beispiel die Grunderwerbsteuer, und die Eintragungsgebühr, sind Anschaffungskosten bzw. Anschaffungsnebenkosten.

Die Anschaffungskosten und die Anschaffungsneben-kosten sind besonders wichtig bei der Berechnung der Immobilienertragsteuer. Die Steuer wird bemessen am Veräußerungserlös, also dem Verkaufspreis abzüglich der Anschaffungs- und Anschaffungsnebenkosten.

Bei einem Altfall, bei dem der Veräußerungsgewinn mit pauschal 14 % des Verkaufspreises angesetzt wird, blei-ben allerdings die konkreten Anschaffungskosten und Anschaffungsnebenkosten außer Betracht.

Aufsandungserklärung

Zur Eintragung (auch Einverleibung) des neuen Eigen-tümers in das Grundbuch ist eine Aufsandungserklärung erforderlich.

Das ist die ausdrückliche Erklärung des Eigentümers (Verkäufers) einer Liegenschaft, der Einverleibung des Eigentumsrechts zugunsten des Käufers zuzustimmen. Die Erklärung ist zwingende Voraussetzung für die Um-setzung des Kaufes im Grundbuch. Die Aufsandungser-klärung findet sich üblicherweise am Ende der Vertrags-urkunde.

Die Eintragungen im österreichischen Grundbuch sind rechtlich verbindlich. Was eingetragen ist, gilt auch. Das ist nicht in allen Ländern so. Viele Länder haben über-haupt kein Grundbuch, was oft große Rechtsunsicherhei-ten beim Immobilienkauf mit sich bringt.

Damit man sich aber auf die Eintragungen im Grund-buch verlassen kann, muss das Grundbuchsgericht si-cherstellen, dass die Eintragungen auch richtig sind. Das erfordert auch formal die Einhaltung strenger Maßstäbe. Das zeigt sich bei der Aufsandungserklärung besonders deutlich. In der Praxis reicht es schon, dass das Wort „Einverleibung" in der Vertragsurkunde nicht vorkommt, und das Grundbuchsgericht kann den Antrag auf Eintragung des Käufers als neuem Eigentümer nicht bewilligen. Er wird dann zur Verbesserung des Formgebrechens zurückgestellt.

Belastungs- und Veräußerungsverbot

Beim Belastungs- und Veräußerungsverbot handelt es sich um eine Beschränkung der Verfügungsgewalt des Eigentümers. Das Eigentumsrecht berechtigt ja grundsätzlich, mit der Sache zu tun, was man will.

Ein Veräußerungsverbot verhindert aber die Übertragung einer Immobilie. Das Belastungsverbot verbietet die Einräumung von beschränken dinglichen Rechten an der Immobilie. Trifft den Liegenschaftseigentümer ein Belastungsverbot, so ist er nicht befugt, die Immobilie zu belasten, also beispielsweise eine Hypothek auf die Liegenschaft aufzunehmen.

Ein Belastungs- und Veräußerungsverbot kann nur zu Gunsten einer bestimmten Person innerhalb des Familienkreises eingetragen werden. Diese Person muss dann einer Veräußerung oder einer Belastung der Liegenschaft zustimmen.

Solche Verbote werden häufig im Zuge von Schenkungen auferlegt, um zu verhindern, dass der Geschenknehmer die Liegenschaft gleich weiterverkauft. So kann sichergestellt werden, dass das Liegenschaftsvermögen auch nach einer Schenkung im Familienbesitz bleibt.

In der Praxis wird ein Belastungs- und Veräußerungsverbot oft zugunsten der Eltern eingetragen, die zu Lebzeiten Immobilien auf ihre Kinder übertragen. Damit diese die Liegenschaft nicht verkaufen können, oder darauf Kredite aufnehmen, lassen sich die Eltern dieses Recht einräumen. Ein Verkauf oder eine Belastung der Liegenschaft ist dann nur mit (notariell beglaubigter) Unterschrift der Eltern möglich.

Dienstbarkeit

Dienstbarkeiten oder auch Servitute werden definiert als beschränkte dingliche Rechte an fremden unbeweglichen Sachen. Konkret geht es um Rechte an fremden Grundstücken.

Ein bekanntes Beispiel ist das Geh- und Fahrrecht. Dabei wird der Eigentümer eines Grundstückes berechtigt, über ein fremdes Grundstück (also das eines anderen Eigentümers), zu gehen oder zu fahren.

Dienstbarkeiten können nicht an eigenen Grundstücken begründet werden. Auf eigenen Grundstücken kann man (unter Beachtung der gesetzlichen Grenzen) ohnehin machen, was man will.

Es gilt der Grundsatz, dass Dienstbarkeiten möglichst schonend auszuüben sind. Das dienende Grundstück soll durch die Dienstbarkeit also möglichst wenig belastet werden. So kann der Eigentümer des mit einer Dienstbarkeit belasteten Grundstückes nicht zu einem aktiven

Tun, sondern nur zum passiven Dulden verpflichtet werden.

Ist man beispielsweise berechtigt, über das Nachbargrundstück zu gehen, darf man den Weg nicht befahren. Ist man berechtigt, das Nachbargrundstück zu befahren, darf man darauf aber nicht parken.

In der Praxis spielen Dienstbarkeiten eine große Rolle. Die verschiedenen Bauordnungen der Länder sehen vor, dass Grundstücke einen Anschluss zur öffentlichen Verkehrsfläche haben müssen. So ein Anschluss gelingt oft nur, wenn ein Fahrrecht über ein Nachbargrundstück eingeräumt wird. Häufig sind auch die Rechte, Strom-, Wasser-, oder andere Versorgungsleitungen durch fremde Grundstücke leiten zu dürfen.

In der Praxis sollte man bei Dienstbarkeiten immer darauf achten, dass die Frage, wer die Kosten für die Wartung und Instandhaltung von Wegen, Leitungen, etc. zu tragen hat, im Vorfeld geklärt ist. Ansonsten kommt es früher oder später oft zu Nachbarschaftsstreitigkeiten.

Einantwortung

Als Einantwortung wird die gerichtliche Übergabe des Nachlasses eines Verstorbenen in den rechtlichen Besitz des Erben verstanden.

Nach Beendigung des Verlassenschaftsverfahrens wird vom zuständigen Gericht ein Einantwortungsbeschluss ausgestellt, in dem festgehalten wird, wer zu welcher Quote Erbe ist.

Gegen Vorlage des Einantwortungsbeschlusses können im Grundbuch Eintragungen bzw. Veränderungen von Eintragungen veranlasst werden, wenn zum Nachlass auch Liegenschaftsvermögen (z. B. ein Grundstück oder eine Eigentumswohnung) gehört.

Wer Grundstücksvermögen erbt, muss also den Einantwortungsbeschluss vorlegen und auch nachweisen, dass er die Grunderwerbsteuer bezahlt hat. Weiters fallen mit der Eintragung des Erben als neuem Eigentümer auch Eintragungsgebühren beim Grundbuch an.

Einheitswert

Beim Einheitswert handelt es sich um einen steuerlichen Wert des Grundbesitzes. Das Finanzamt stellt mit Bescheid den Wert für den Grundbesitz fest, wobei dieser Wert üblicherweise deutlich unter dem Verkehrswert liegt.

Der dreifache Einheitswert ist beispielsweise die Bemessungsgrundlage für die Berechnung der Eintragungsgebühr beim Grundbuch, wenn Liegenschaftsvermögen zum Beispiel innerhalb der Familie übertragen wird.

Weil der Einheitswert nahezu immer deutlich unter dem aktuellen Verkehrswert liegt, betragen die Steuern, die sich am Einheitswert orientieren (sei es auch der dreifache Einheitswert), einen Bruchteil dessen, was bei „normaler" Steuerberechnung anfallen würde.

Eintragungsgebühr

Nicht bei allen, aber bei bestimmten Rechten, ist eine Eintragungsgebühr zu entrichten, wenn sie im Grundbuch eingetragen werden sollen.

In der Praxis spielt die Gebühr bei Immobilienkäufen in Bezug auf die Eintragung des Eigentumsrechtes, und bei der Eintragung von Pfandrechten (zum Beispiel für die finanzierende Bank) eine große Rolle.

Bemessungsgrundlage für die Eintragungsgebühr ist der Wert des einzutragenden Rechts. Der Wert für die Eintragung des Eigentumsrechts bemisst sich am Verkehrswert. Das ist in der Regel der Kaufpreis.

Der Wert des einzutragenden Rechts ist zu beziffern und die zur Ermittlung des Werts notwendigen Angaben sind zu machen und gegebenenfalls mit geeigneten Unterlagen zu bescheinigen.

Bei so genannten „begünstigten Erwerbsvorgängen", also Übertragungen im Familienkreis, ist für die Bemessung der Eintragungsgebühr der dreifache Einheitswert, maximal jedoch 30 % des Werts des einzutragenden Rechts (§ 26 Abs 1), heranzuziehen (§ 26a Abs 1 GGG).

Bei Pfandrechten wird die Gebühr von der zu besichernden Summe bemessen. Wird beispielsweise eine Hypothek über EUR 200.000,00 eingetragen, ist diese Zahl Bemessungsgrundlage für die Eintragungsgebühr.

Die Eintragungsgebühr beträgt beim Eigentumsrecht 1,1 %, beim Pfandrecht 1,2 % der Bemessungsgrundlage.

Die Eintragungsgebühr für das Eigentumsrecht muss vom Vertragserrichter im Normalfall gemeinsam mit der Grunderwerbsteuer berechnet und an das Finanzamt abgeführt werden. Es besteht teilweise aber auch die Möglichkeit, dass die Eintragungsgebühr vorgeschrieben wird.

Einverleibung

Unter einer Einverleibung versteht man im Grundbuchsrecht den unbedingten Rechtserwerb oder Rechtsverlust.

Das ist beispielsweise beim Eigentumserwerb beim Kauf einer Wohnung der Fall. Sind alle Bedingungen laut Kaufvertrag erfüllt, soll der Käufer auch endgültig als Eigentümer im Grundbuch eingetragen werden. Sein Eigentumsrecht wird einverleibt.

Sind aber nicht alle Bedingungen erfüllt, kann der Käufer lediglich die Vormerkung des Eigentumsrechtes im Grundbuch erwirken, nicht aber die Einverleibung.

Die Vormerkung bedarf zur Einverleibung der Rechtfertigung. Es muss also nachgewiesen werden, dass die Bedingung, die dem endgültigen Rechtserwerb entgegenstand, nun eingetreten ist.

Um den Eintritt der Bedingung nachzuweisen, und von der Vormerkung zur Einverleibung zu kommen, müssen entsprechende Urkunden vorgelegt werden.

Grunderwerbsteuer

Die Grunderwerbsteuer fällt sowohl bei entgeltlichen, als auch den unentgeltlichen Immobilienübertragungen an.

Grundsätzlich sind sowohl der Übergeber, als auch der Übernehmer Steuerschuldner, in der Praxis wird jedoch im Normalfall der Übernehmer verpflichtet, die Grunderwerbsteuer zu tragen. Zu beachten ist, dass diese Übertragung der Schuld nur zwischen den Parteien wirkt. Gegenüber dem Finanzamt kann die Haftung einer Partei nicht eingeschränkt oder ausgeschlossen werden.

Entscheidend für das Entstehen der (Grunderwerb-) Steuerschuld ist das Zustandekommen des Verpflichtungsgeschäftes (Kaufvertrag, Schenkungsvertrag, Tauschvertrag etc.). Das ist der Zeitpunkt, an dem der Vertrag, mit dem die Immobilie übertragen wird, wirksam wird, also beispielsweise die letzte aufschiebende Bedingung eingetreten ist.

Ob das Eigentumsrecht im Grundbuch eingetragen wird, ist für den Anfall der Grunderwerbsteuer irrelevant. Das spielt nur für die Eintragungsgebühr eine Rolle.

Im Standardfall des Immobilienkaufes beträgt die Steuer 3,5 % des Kaufpreises. Für Übertragungen innerhalb des (gesetzlich näher definierten) Familienkreises gilt ein gestaffelter Steuersatz und eine besondere Bemessungsgrundlage, die nach der Grundstückswert-Verordnung in einem komplizierten Verfahren zu ermitteln ist.

Im Ergebnis sind die Übertragungen im Familienkreis aber wesentlich günstiger, sodass sich der Aufwand für die Ermittlung des Wertes der Liegenschaft jedenfalls lohnt.

Grundstück

Das Grundstück im rechtlichen Sinn umfasst Grund und Boden, Gebäude und Rechte, die den Vorschriften des bürgerlichen Rechts über Grundstücke unterliegen (grundstücksgleiche Rechte). Zum Grundstück zählen also Grund und Boden, Zubehör, die auf Grund und Boden errichteten Gebäude und unselbstständige Bestandteile.

Grundstücke werden durch Grundbuchsbeschluss oder im Zuge der Neuanlegung des Grundbuches neu gebildet oder gelöscht.

Um ein neues Grundstück zu „erschaffen", braucht es einen Vermessungsplan eines Ziviltechnikers. Dieser erstellt eine digitale Trennstücktabelle, deren Umsetzung beim Grundbuch beantragt wird. Im Normalfall ist damit kein größerer Aufwand verbunden.

Herstellungsaufwendung

Herstellungsaufwendungen dienen dazu, die Wesensart, also die Funktion oder Zweckbestimmung eines Gebäudes zu verändern.

In der Praxis zählt dazu beispielsweise der erstmalige Einbau von Badezimmer und Toilette, einer Zentralheizung, eines Aufzugs, die Aufstockung des Gebäudes, die Versetzung von Türen oder die Zusammenlegung von Wohnungen.

Relevant sind Herstellungsaufwendungen unter anderem bei der Ermittlung der Bemessungsgrundlage für die Immobilienertragsteuer. Die Herstellungsaufwendungen können nämlich vom Veräußerungserlös bei privat genutzten Gebäuden abgezogen werden.

Bei Immobilien, die beispielsweise vermietet wurden, werden die Herstellungsaufwendungen in der Regel schon bei der Ermittlung der Einkünfte aus der Vermietung berücksichtigt, und können sich daher nicht zusätzlich mindernd auf die Immobilienertragsteuer auswirken.

Hypothek

Eine Hypothek ist ein Pfandrecht, für welches ein Grundstück als Sicherheit dient. Der Pfandgläubiger oder Hypothekargläubiger ist berechtigt, sich aus der Liegenschaft zu befriedigen, wenn die Verbindlichkeit zur vertraglich vereinbarten Zeit nicht erfüllt wird.

Hypotheken sind beim Kauf von Liegenschaften durchaus üblich. Dabei stellt die finanzierende Bank dem Käufer den Kaufpreis ganz oder teilweise zur Verfügung, meistens unter der Bedingung, das Pfandrecht im Grundbuch eintragen zu lassen.

Wird der Kredit bei Fälligkeit nicht zurückgezahlt, kann die Bank (vereinfacht dargestellt) die Immobilie versteigern lassen und mit dem Versteigerungserlös im Idealfall den Kredit tilgen.

Die Eintragung im Grundbuch sichert der finanzierenden Bank im Falle der Zwangsvollstreckung einen bestimmten Rang. Je besser der Rang, also je weniger Gläubiger

Vorrang haben, desto besser stehen die Chancen für die Bank, die offene Summe nach der Versteigerung der Liegenschaft hereinzubekommen.

Ob eine Liegenschaft mit einer Hypothek belastet ist, lässt sich mit einem Blick ins Grundbuch feststellen. Hypotheken sind dort im Lastenblatt (C-Blatt) ersichtlich. Der dort ersichtliche Betrag wird jedoch nicht aktualisiert. Wie viel also vom Kredit tatsächlich offen ist, erfährt man in der Regel bei der finanzierenden Bank.

Inflationsabschlag

Der Inflationsabschlag spielt bei der Berechnung der Immobilienertragsteuer eine Rolle. Grundsätzlich ist der volle Veräußerungsgewinn abzüglich bestimmter Aufwendungen, wie etwa für die Mitteilung und Selbstberechnung der Immobilienertragsteuer, Bemessungsgrundlage für die Immobilienertragsteuer.

Nach Ablauf des 10. Jahres seit der Anschaffung kann darüber hinaus vom Veräußerungserlös ein Inflationsabschlag von 2 %, maximal jedoch 50 % gemacht werden.

Instandhaltungsaufwendungen

Im Gegensatz zu Herstellungsaufwendungen, bei der wesentliche Gebäudeteile erneuert werden, werden bei der Instandhaltung nur unwesentliche Gebäudeteile ausgetauscht, oder es kommt nicht zu einer wesentlichen Erhöhung des Nutzwertes oder der Nutzungsdauer.

So zählen zum Beispiel laufende Wartungsarbeiten wie das Ausmalen von Innenräumen oder der Fassade, aber auch Reparaturen nach Beschädigungen durch höhere Gewalt zu den Instandhaltungsaufwendungen.

Instandhaltungsaufwendungen mindern die Immobilienertragsteuer im Gegensatz zu den Herstellungsaufwendungen jedoch nicht.

Lasten

Vereinfacht gesagt sind Lasten Rechte Dritter, die sich auf ein bestimmtes Grundstück beziehen. Dabei kann es sich um Dienstbarkeiten, wie beispielsweise ein Geh- und Fahrrecht oder ein Wohnrecht handeln, um ein Bestandrecht (Miete oder Pacht), oder aber auch um andere Rechte, wie zum Beispiel ein Belastungs- und Veräußerungsverbot.

Belastungen sind teilweise im Grundbuch ersichtlich. Wenn Sie einverleibt (eingetragen) sind, wirken sie absolut, also auch gegen Dritte. In diesem Fall sind sie im Lastenblatt (C-Blatt) ersichtlich. Das heißt, dass niemand im Streitfall behaupten kann, er hätte von der Belastung nichts gewusst. Das Grundbuch ist öffentlich. Jeder darf Einsicht nehmen, und muss daher auch die dortigen Eintragungen gegen sich gelten lassen.

So genannte außerbücherliche Lasten sind hingegen im Grundbuch nicht sichtbar. Grundsätzlich wirken sie für den Erwerber nur dann, wenn der von ihnen wusste, oder im vorwerfbar ist, davon nichts gewusst zu haben.

In der Praxis gibt es gewisse Lasten, die auch beim Immobilienkauf auf den Käufer übergehen, das sind insbesondere Grunddienstbarkeiten wie zum Beispiel Leitungsrechte.

Geldlasten, wie Hypotheken, sollen normalerweise auf den Käufer nicht übertragen werden und müssen daher in der Regel gelöscht werden, bevor der neue Eigentümer eingetragen ist.

Mangel

Rechtlich versteht man unter einem Mangel eine Abweichung zwischen der vertraglich vereinbarten, und der tatsächlich erbrachten Leistung.

Unterschieden werden Sachmängel und Rechtsmängel, wobei hier nur auf Sachmängel eingegangen wird.

Beim Kauf gebrauchter Wohnungen von Nicht-Unternehmern wird die Gewährleistung für Sachmängel normalerweise ausgeschlossen.

Wird also beispielsweise nach Übergabe der Eigentumswohnung der Warmwasserboiler defekt, kann der Käufer die Kosten für die Reparatur oder den Austausch nicht vom Verkäufer fordern.

Wird die Gewährleistung nicht ausgeschlossen, muss der Verkäufer die Reparatur oder den Austausch bezahlen, sofern der Defekt innerhalb von 3 Jahren (bei unbeweglichen Sachen) bzw. 2 Jahren (bei beweglichen Sachen) ab Übergabe auftritt.

Ein Gewährleistungsausschluss wirkt aber nicht für Mängel, die der Verkäufer zum Zeitpunkt des Vertragsabschlusses kannte, er aber dem Käufer arglistig, also in böser Absicht, verschwiegen hat.

Auch bei ausdrücklich zugesagten Eigenschaften wirkt ein Gewährleistungsausschluss nicht. Wurde zum Beispiel dem Käufer ausdrücklich zugesagt, dass der Warmwasserboiler in Ordnung sei, müsste der Verkäufer die Reparatur oder den Austausch trotz Gewährleistungsausschluss bezahlen.

Neuvermögen

Als Neuvermögen werden im Bereich der Immobilienertragsteuer Liegenschaften bezeichnet, die nach dem 01.04.2002 angeschafft wurden. Das bedeutet, dass zum Zeitpunkt der Einführung der Immobilienertragsteuer am 01.04.2012 die damalige 10-jährige Spekulationsfrist noch nicht abgelaufen war.

Bei einem so genannten Neufall wird Veräußerungsgewinn von 2 % pro Jahr, maximal jedoch um 50 % reduziert (Inflationsabschlag).

Wird die Immobilienertragsteuer bei Neuvermögen berechnet, wirken sich unter anderem auch Anschaffungsnebenkosten (Makler-, und Anwaltshonorar für den Ankauf der Liegenschaft), und die Kosten für die Selbstberechnung und Abführung der Immobilienertragsteuer beim Verkauf der Liegenschaft steuermindernd aus.

Rangordnung

Der Eigentümer einer Liegenschaft, also eines Grundstückes bzw. einer Wohnung ist berechtigt, im Grundbuch die Anmerkung zu verlangen, dass er die Veräußerung der Liegenschaft beabsichtigt (Anmerkung der beabsichtigten Veräußerung).

Im Grundbuchsrecht gilt der so genannte Prioritätsgrundsatz, vereinfacht: „wer zuerst kommt, mahlt zuerst." Wird eine Wohnung zum Beispiel in betrügerischer Absicht an zwei Käufer verkauft, wird derjenige Eigentümer, der als erster die Einverleibung des Eigentumsrechtes im Grundbuch beantragt.

Die (grund-) bücherliche Rangordnung ist daher maßgeblich für die Rechtsposition, die man erlangen kann. Mit der Anmerkung der beabsichtigten Veräußerung kann man den Rang für das später einzutragende Recht reservieren.

Die Rangordnung wird in der Praxis auch recht häufig für Pfandrechte angemerkt (Rangordnung der beabsichtigten Verpfändung). So kann die finanzierende Bank sicherstellen, dass sie ein Pfandrecht in einem bestimmten Rang bekommt, und nicht beispielsweise erst hinter einer weiteren Bank eingetragen wird.

Schenkung

Eine Schenkung ist nach gesetzlicher Definition die vertragliche Verpflichtung, einem anderen eine Sache unentgeltlich zu überlassen.

Schenkungen, die sofort erfüllt werden, also bei denen der Schenkungsgegenstand sofort seinen Besitzer wechselt, sind ohne Einhaltung bestimmter Formvorschriften gültig.

Wird der Schenkungsgegenstand aber erst zu einem späteren Zeitpunkt tatsächlich übertragen, sind strenge Formvorschriften zu beachten.

Um den Geschenkgeber vor leichtfertigen Schenkungen zu schützen, sind Schenkungen ohne tatsächliche sofortige Übergabe nur als Notariatsakt gültig.

Für einen Notariatsakt muss eine Urkunde errichtet werden, die beim Notar laut verlesen, und im Anschluss unterzeichnet wird. Dabei treffen den Notar umfangreiche Aufklärungspflichten über die Folgen des Rechtsgeschäftes.

Bei der Schenkung von Immobilienvermögen gibt es verschiedene Sonderregelungen. Diese betreffen einerseits die Bewertung des Schenkungsgegenstandes, an die wiederum die Bemessung von Grunderwerbsteuer und Eintragungsgebühr gebunden sind. Andererseits müssen oft auch erbrechtliche Aspekte bedacht werden, um spätere Streitigkeiten zu vermeiden.

Tausch

Beim Tausch wird eine Sache gegen eine andere Sache überlassen.

In der Praxis kommen Tauschverträge über Grundstücke besonders oft bei benachbarten Grundstücken vor. Häufig werden dann Teilflächen im Grenzbereich getauscht, um eine effektivere Nutzung der Grundstücke zu ermöglichen. Grundlage ist ein Teilungsplan eines Vermessers, womit auch die Durchführung des Tausches im Grundbuch recht einfach möglich ist.

Steuerlich wird ein Tauschvertrag nicht anders bewertet als ein „normaler" Kaufvertrag. Bemessungsgrundlage für Eintragungsgebühr und Grunderwerbsteuer ist der Wert des hingegebenen Grundstückes (das behandelt wird, wie der Kaufpreis). Sind beide Grundstücke gleich viel wert, hat dies den Vorteil, dass zumindest für das Grundstück an sich keine weiteren Zahlungen erforderlich sind.

Grunderwerbsteuer fällt natürlich trotzdem an, sie ist nur bei beiden Parteien gleich hoch.

Treuhänder

Ein Treuhänder handelt im eigenen Namen, aber im Interesse eines anderen.

Beim Kauf von Grundstücken oder Eigentumswohnungen übernimmt der Treuhänder die Haftung, dass der Käufer gegen treuhändigen Erlag des Kaufpreises lastenfreies Eigentum erwerben kann.

Das heißt vereinfacht, dass der Treuhänder den Kaufpreis erst dann an den Verkäufer weiterleitet, wenn sämtliche Bedingungen des Treuhandauftrages eingetreten sind. Es muss also sichergestellt sein, dass der Käufer im Grundbuch als Eigentümer eingetragen, und die Pfandrechte des Verkäufers gelöscht werden, wenn nicht vereinbart ist, dass der Käufer diese übernehmen soll.

Eine besondere Rolle kommt dem Vertragserrichter und Treuhänder bei Bauträgerobjekten zu. Das Bauträgervertragsgesetz ist in der Regel bei Kaufverträgen über

Wohnungen anzuwenden, die zum Zeitpunkt der Vertragsunterfertigung noch nicht fertig gestellt sind.

Der Treuhänder, der die Interessen sämtlicher Parteien wahren muss, hat über den Eintritt der Auszahlungsbedingungen (hinsichtlich der fälligen Kaufpreisraten) zu wachen, Informationen bekannt zu geben und Weisungen einzuholen.

Den Treuhänder gemäß § 12 BTVG (Bauträgervertragsgesetz) treffen Belehrungspflichten zur Abwicklung des Bauträgervertrages, Überwachungspflichten hinsichtlich der Abwicklung des Bauträgerprojektes in technischer und finanzieller Hinsicht, hinsichtlich der Zahlungsabwicklung und der Lastenfreistellung, wenn ein Pfandrecht zu Gunsten des Bauträgers einverleibt wurde.

Der Treuhänder und Vertragserrichter darf keine der beiden Parteien bei Streitigkeiten in Bezug auf den Kaufgegenstand vertreten. Gibt es also Mängel bei einer Eigentumswohnung, darf der Treuhänder nicht den Bauträger oder den Wohnungskäufer vertreten.

Veräußerungsgewinn

Der Veräußerungsgewinn ist relevant für die Bemessung der Immobilienertragsteuer.

Die Anschaffungskosten sind um Herstellungsaufwendungen zu erhöhen, wenn sie nicht schon bei der Ermittlung von Einkünften zu berücksichtigen waren.

Die Anschaffungskosten sind um Absetzungen für Abnutzungen, soweit diese bei der Ermittlung von Einkünften abgezogen worden sind, und um bestimmte steuerfreie Beträge zu vermindern. Das wiederum erhöht letzten Endes die Steuerlast.

Vorkaufsrecht

Das Vorkaufsrecht hat zur Folge, dass der Berechtigte von einem beabsichtigten Verkauf zu verständigen ist. Er hat dann die Möglichkeit, in einer bestimmten Frist die Liegenschaft zu denselben Bedingungen selbst zu kaufen.

Das Vorkaufsrecht ist ein persönliches Recht. Soll es auch gegen Dritte wirken, muss es (wenn es um Liegenschaften geht) im Grundbuch eingetragen sein.

Für die Eintragung des Vorkaufsrechts im Grundbuch reicht die Vereinbarung über das Vorkaufsrecht und die Vereinbarung seiner Verbücherung aus.

Stichwortverzeichnis

GUTSCHEIN

Gegen Vorlage der Rechnung für dieses Buch erhalten Sie folgende Vergünstigungen:

Vertragserrichtung

EUR 500,00 Gutschrift, wenn Sie mich beauftragen, für Sie einen Kaufvertrag über eine Immobilie (Wohnung, Haus, Grundstück) zu errichten.

Vertragsprüfung

EUR 50,00 Gutschrift, wenn Sie mich beauftragen, für Sie einen Vertrag zu prüfen.

Die Beträge werden gegen Vorlage der Rechnung für dieses Buch vom Honorar abgezogen.

Die Gutschrift ist übertragbar, der Name auf der Rechnung muss also nicht mit dem Namen desjenigen übereinstimmen, der mir den Auftrag erteilt. Allerdings kann pro Rechnung nur eine Gutschrift erfolgen.

KONTAKT

RA Dr. Dan Katzlinger Gratl & Anker Rechtsanwaltspartnerschaft Südtirolerplatz 4 6020 Innsbruck	0512/343632 katzlinger@gratlanker.at www.vertragscheck.at www.gratlanker.at